V&R

Leidenschaftlich

Sieben Wochen das Leben vertiefen

Herausgegeben von
Katharina Friebe, Claudia Janssen
Silke Heimes, Karin Lindner

Erarbeitet von
Annegret Brauch, Gundula Döring,
Helene Dommel-Beneker, Katharina Friebe,
Antje Hinze, Claudia Janssen, Barbara Kohlstruck,
Karin Lindner, Magdalena Möbius,
Ute Niethammer, Cornelia Radeke-Engst,
Anne Rieck, Andrea Wöllenstein

Vandenhoeck & Ruprecht

Eine Initiative des Verbands Evangelische Frauen in Deutschland e. V. (EFiD) und
dem FSBZ. Frauenstudien- und -bildungszentrum in der EKD im Comenius Institut.

Umschlagabbildung und Illustrationen: Britta Harder, Eva Riekehof, 2seiten, Hamburg

Mit 7 Grafiken

Bibliografische Information der Deutschen Nationalbibliothek

Die Deutsche Nationalbibliothek verzeichnet diese Publikation in
der Deutschen Nationalbibliografie; detaillierte bibliografische Daten
sind im Internet über http://dnb.d-nb.de abrufbar.

ISBN 978-3-525-58031-8

Layout und Satz: textformart, Göttingen
Druck und Bindung: fgb. Freiburger Graphische Betriebe, Freiburg

Gedruckt auf alterungsbeständigem Papier.

Inhalt

Geleitwort

Die Passionszeit ist für viele Christinnen und Christen eine intensiv erlebte Zeit im Kirchenjahr. In den Liturgien, Andachten und Liedern geht es um Leid und Tod und dies regt an zur Beschäftigung mit eigenen existentiellen Fragen. Zunehmend mehr Menschen erleben die traditionelle Sprache der Opfertheologie jedoch als niederdrückend und suchen nach neuen Formen. Die Texte in diesem Buch bieten Impulse für jeden Tag in der Passionszeit. Es sind Gedankenanstöße, Provokationen, Tröstungen – vielfach in einer neuen, frischen Sprache geschrieben. Die Spiritualität dieser Texte schöpft aus heutigen Erfahrungen und knüpft zugleich an kirchliche und theologische Tradition an. Ausgangspunkt sind die Wochensprüche für die sieben Sonntage in der Passionszeit, die neu betrachtet und ausgelegt werden. Die Autorinnen dieses Buches stellen sich den existentiellen Fragen, die in dieser Zeit im Kirchenjahr ihren Ort haben. Mit großer Deutlichkeit sagen sie: „Der Tod bringt kein Heil" und „Gott braucht keine Opfer" und formulieren theologische und spirituelle Alternativen. Diese sind durchdrungen von einem klaren Gespür dafür, was von vielen Menschen in dieser Zeit als belastend erlebt wird, was das Leben erschwert und verhindert. Die Gebete, Gedichte, Lieder und kurzen Meditationen stärken die Hoffnung, dass der Tod nicht das letzte Wort hat. Damit weisen sie den Weg zu einer österlichen Kirche.

Das Buch bietet einen wichtigen Beitrag zur aktuell in unseren Kirchen geführten Diskussion um die theologische Auslegung des Kreuzestodes. Wie sprechen wir vom Tod und von der Auferstehung Jesu? Der Durchgang durch die Heilige Schrift und die Bekenntnisse lassen erkennen, wie vielfältig die Deutungen des Todes Jesu sind, sie liefern alle keine fertigen Ergebnisse. Sie erschließen sich den Suchenden durch das Geschenk des Heiligen Geistes und die Gegenwart des Auferstandenen selbst. Den Emmaus-Jüngern begegnet der Gekreuzigte als Auferstandener. Diese Begegnung wirft ein neues Licht auf seinen Tod. Dadurch bleibt es nicht beim Schrecken. Nachdenken, Einordnen, Verstehen kann beginnen. Eine Kreuzestheologie gibt es nur von Ostern her. Immer neu muss dieses Erleben, das Nachdenken, Zweifeln, Hoffen in Worte gefasst werden: Wir können *wir* die Erfahrung des neuen Lebens zum Ausdruck bringen? Und was hindert uns daran? Die Texte dieses Buches helfen, sprachfähig zu werden. Sie geben den Ängsten Raum, der Sprachlosigkeit und der Suche nach Worten, die noch unverbraucht sind. Sie vertrauen auf die Kraft der biblischen Tradition, fordern sie heraus und lassen sich von ihr tragen. Dieses Buch ist eine spirituelle und theologisch fundierte Begleitung durch die Passionszeit.

Präses Nikolaus Schneider

Einleitung

Sieben Wochen anders beten – wie können wir neu die alten Texte zum Sprechen bringen, lebendig, lebensnah, leidenschaftlich? Das war die Ausgangsfrage, mit der das Passionszeitprojekt begann, dessen Ergebnisse nun fast drei Jahre später in Form dieses Buches vorliegen. Einmal im Jahr treffen sich Theologinnen in den Frauenarbeiten unter der Überschrift „Feministische Ekklesiologie", um ihre Vision einer Kirche zu entwickeln, sich über Ideen und Strategien auszutauschen. Begleitet und unterstützt wird diese Arbeit vom Frauenstudien- und -bildungszentrum in der EKD (FSBZ) und dem Verband Evangelische Frauen in Deutschland e. V. (EFiD). Unsere Vision ist eine österliche Kirche, deren Spiritualität Lebenskraft stärkt und nährt, die Vielfalt Raum gibt, in der die Erfahrungen von Frauen und Männern wertgeschätzt werden, die Unterschiedlichkeit zulässt und Gespräche fördert. Eine Kirche, die sich von dem Wissen leiten lässt, dass Menschen von Beziehungen leben, untereinander, zu allem Leben und zu Gott. Aus diesem Wissen erwächst eine Christus-bezogene Spiritualität des Körpers, die alles Handeln und Leiten bestimmt.

Die Alltagserfahrungen in unseren Kirchen sehen oft ganz anders aus. Prägend ist nach wie vor besonders in der Passionszeit eine niederdrückende Opfertheologie, wie sie in vielen Liedern und Gebeten zum Ausdruck kommt: „Ich bin's. Ich sollte büßen, an Händen und an Füßen" oder: „Für dich gestorben", „Christi Blut für dich vergossen". In diesem Buch versuchen wir, eine neue Sprache zu finden; eine, die hilft, Schweres zu benennen und durchzustehen, die ermutigt, aus der Ohnmacht aufzubrechen.

Die Wochensprüche für die sieben Sonntage in der Passionszeit begleiten uns durch diese Zeit. Sie sind in jedem Jahr dieselben. Sie wurden von der Michaelsbruderschaft in den 20er Jahren des letzten Jahrhunderts ausgewählt und bilden seit dieser Zeit den Ausgangspunkt für Andachten und Liturgien, wurden vielfach ausgelegt und vertont. Wir greifen diese Tradition auf und füllen sie aus unserer Perspektive mit neuen Inhalten und Ausdrucksformen. Feministische Christologien, die sich jenseits einer niederdrückenden Sühnopfertheologie den Herausforderungen des Leids und des Todes stellen, verändern die Blickrichtung:

Der Tod bringt kein Heil

Der Tod ist das Ende des Lebens. Im ersten Jahrhundert steht das Kreuz für Folter und strukturelle Gewalt, für die Macht der Herrschenden im Imperium Romanum. Dieser Tod wird von Gott ins Unrecht gesetzt durch die Auferweckung des Messias, so lautet das christliche Bekenntnis. Das bedeutet: Der Tod an sich ist nicht Heil stiftend, sondern die Überwindung des Todes. Feministische Christologien schauen hin, wenden den Blick nicht ab. Tod und Gewalt sind auch heute alltägliche Realität im Leben von Frauen und Männern, auch in unserer Gesellschaft. Es geht darum zu fragen: „Wo stehen unsere Kreuze? Wir sollen sie sehen und sichtbar machen" – bei uns und weltweit, so formuliert es Dorothee Sölle (1). Die Passionszeit bietet den Raum, zu klagen, zu trauern, sich mit der Realität des Todes zu konfrontieren, ihn nicht verdrängen zu müssen. Das braucht Mut. In diesem Buch stellen wir für jeden Tag Texte und Meditationsimpulse zur Verfügung, die Menschen einzeln, aber auch in Gruppen in dieser Zeit begleiten können. Gemeinsam ist es oft leichter, sich den existentiellen Fragen zu stellen, ihnen nicht auszuweichen.

Aufstehen ins Leben

Mit diesem Buch möchten wir dazu ermutigen, Trauer und Verzweiflung nicht wegzuschieben, ihnen Raum im eigenen Leben zu geben. Wir haben uns die Frage gestellt, wie das möglich sein kann, was durch diese Zeit trägt. Uns ist wichtig, nicht zu schnell von Auferstehung und neuem Leben zu sprechen, immer schon das „gute Ende" vorwegzunehmen und so über das Schwere hinweg zu vertrösten. Und doch durchzieht die Perspektive der Auferstehung unsere Texte und Vorschläge für die sieben Wochen der Passionszeit. Feministische Christologien nehmen in der Erfahrung der Auferstehung ihren Ausgangspunkt, um von Tod und Leiden zu erzählen.

So ist es auch im Neuen Testament. Auferstehung ist in der Jesusbewegung vor Jesu Tod gegenwärtig, Auferstehungserzählungen gibt es bereits in der Hebräischen Bibel (2). Es wird von Menschen erzählt, die geheilt, die aufgerichtet werden und aufstehen – von Erfahrungen, dass der Tod überwunden wird (vgl. 1 Kön 17; Mk 5,41). Diese Aufsteh-Geschichten machen deutlich, dass der Tod nicht erst nach dem Sterben, sondern schon mitten im Leben besiegt wird. „Auferstehung bedeutet in diesem Denken, daß der Tod in jenen Momenten überwunden wird, in denen Menschen das Leben wählen, für das Leben einstehen, Todesdrohungen zurückweisen. Wenn Menschen sich für Gerechtigkeit, radikale Liebe, Solidarität und Befreiung entscheiden, passiert Auferstehung, werden Todesmächte entmachtet." So formuliert es Regula Strobel (3). Wenn die neutestamentlichen Schriften von der Kreuzigung des Messias Jesus erzählen, so können sie es, weil sie auf Erfahrungen von Auferstehung basieren. Diese Perspektive wollen wir in den sieben Wochen der Passionszeit einüben, neu sehen lernen, ewigkeitssichtig werden.

Gott braucht keine Opfer

Feministische Theologien wenden sich kritisch gegen jede Form der Leidensverherrlichung und haben seit ihren Anfängen Theologien und kirchliche Praxen kritisiert, die mit dem Blick auf Jesu Opfer am Kreuz heute Menschen zu Opfern machen oder sie zu einer Haltung verleiten, sich selbst aufzuopfern. Dies hat besonders auf Frauen gewirkt, die in ihrer Sozialisation zur Aufopferung für Familie und Kinder, zur Hingabe an andere erzogen wurden. Seit einigen Jahren wird nun auch in vielen anderen kirchlichen und theologischen Zusammenhängen kritisch über die Sühnopfertheologie diskutiert (4) und deutlich gemacht, dass sie keinen (oder nur einen sehr geringen) Anhaltspunkt im Neuen Testament hat. Sie wurde in späteren Zeiten der Kirche entwickelt. Die Kritik an der Sühnopfertheologie wird zum Glück heute von vielen getragen, doch gibt es noch wenige Entwürfe, die wirkliche Alternativen bieten.

So haben feministische Theologinnen vorgeschlagen, von „Hingabe" statt von „Opfer" zu sprechen: Diese Hingabe gelte dem Leben und sei nicht nur auf den Tod ausgerichtet. Jesu gebe sein Leben in Hingabe und löse damit Menschen aus dem Unrecht, seine Liebe gelte allen Menschen und dem Leben. Andere feministische Theologinnen sehen dieses Wort „Hingabe" ebenfalls als problematisch an, weil es dem Gedanken verhaftet bleibe, dass der Tod heilvoll sei, nur mit dem Unterschied, dass hier kein opfernder Gott vorgestellt werde, sondern Jesus sein Leben freiwillig hingebe. Es ist schwer aus alten Denk- und Glaubensmustern herauszutreten.

Auch wir Theologinnen, die in diesem Projekt zusammen gearbeitet haben, stehen an unterschiedlichen Stellen, haben manchmal gegensätzliche Auffassungen und ringen darum, wie wir unseren Glauben, das Vertrauen auf Gottes Leben schaffende Kraft, ausdrücken können. Uns ist es wichtig geworden, unsere Vorstellungen im Gespräch (weiter) zu entwickeln. Die Entwürfe wurden jeweils zu zweit verfasst und dann von der ganzen Gruppe erprobt und diskutiert. Für uns ist Vielfalt ein großer Wert.

Christus und seine Geschwister

Weder heute noch zu einer anderen Zeit gab es die *eine* Christologie, auch nicht im Neuen Testament. Feministische und andere kontextuelle Christologien weisen auf eine Vielfalt von Vorstellungen hin, die Jesus in der Gemeinschaft derer sieht, mit denen er gelebt hat, die ihm nachfolgen. Diese Nachfolgegemeinschaften haben Teil an den messianischen Taten Jesu, nach seinem Tod sind sie sein Körper, der Leib Christi. Sie verkörpern den Auferstandenen und führen das weiter, was mit ihm begann, sie arbeiten zusammen an der gerechten Welt Gottes, sie heilen, lehren, teilen Brot und Hoffnung.

Ein Denken, das Jesus aus dem historisch-politischen Kontext seiner Zeit und aus der Gemeinschaft derer, die mit ihm zusammen unterwegs sind, herauslöst, macht ihn zum „einsamen Helden". Dem gegenüber beschreiben feministische Christologien Jesus als einen Menschen, der das Schicksal vieler anderer Frauen und Männer seiner Zeit teilt, als einen Sohn Gottes unter vielen anderen Töchtern und Söhnen Gottes, als Erstgeborenen unter vielen Geschwistern (vgl. Röm 8,31), der sie in die enge Beziehung zu Gott einschließt (5). Einen hoheitlichen Abstand zwischen Jesus und den Menschen, denen er sich zuwendet, sehen sie nicht.

Im Miteinander der Gemeinschaft ist Christus gegenwärtig, als Wahrheit, Weg und Leben spendende Kraft. Diese Christologie der Beziehung bedeutet Kraft und Trost.

Sie ermutigt zum Widerstehen und fordert dazu heraus, sich auch selbst mit aller Kraft für Gerechtigkeit einzusetzen. Die Frage: Wer ist Christus für uns heute?, durchzieht die Wochen der Passionszeit. Sie inspiriert eine Fülle von Antwortversuchen. Die Autorinnen jedes Kapitels stellen sich dieser Frage sehr persönlich und zeigen, aus welchen Kraftquellen sie schöpfen, welche Texte, Lieder und Gedanken sie bewegen. Wir laden dazu ein, mit uns zusammen die sieben Wochen der Passionszeit mit Meditationen, Gebeten, mit oft auch sperrigen Gedanken zu gestalten, die zum Stolpern, Nachdenken, Nachgehen herausfordern.

Ostern

Die letzte Woche der Passionszeit zielt auf Ostern hin. Sie beschreibt den Weg Jesu und seiner Jünger_innen* nach Jerusalem bis zur Kreuzigung und ermöglicht es, diesen Weg mitzugehen. In vielen Gemeinden gibt es die Tradition der Kreuzwege, die auch von Frauen aufgegriffen wird (6), um Orte der Gewalt in unserer Gegenwart sichtbar zu machen. Am Freitag wird an Jesu Kreuzigung erinnert. Bis zum Ostermorgen hat der Tod das Wort. „Christus ist auferstanden" – mit diesen Worten wird dann das Licht in die Dunkelheit getragen. Ostern ist mehr als ein Symbol, Ostern gibt der Erfahrung einen Raum, dass nichts so bleiben muss, wie es ist. Ostern feiert, dass sich das Leben Bahn bricht, ekstatisch, als blühende Lebensenergie.

Die sieben Wochen der Passionszeit beschreiben einen Weg durch das Leiden in Konfrontation mit dem Tod, mit Zweifeln und Ohnmacht. Wenn nicht schon im Leiden das Heil gesehen wird, es verherrlicht, legitimiert und erhöht wird, dann kann die Osterfreude auch in der Feier der Osternacht existentiell erfahren werden. „Tod, wo ist dein Sieg?" Die Tradition des Osterlachens bringt diese Freude, die Erleichterung und Befreiung zum Ausdruck. Ein Lachen, das die Ängste und Nöte für einen Moment unwichtig werden und vergessen lässt. Leben ist mehr. Geht zurück nach Galiläa, geht nach Hause, in euren Alltag zurück, wird den Frauen am leeren Grab gesagt (Mk 16,7). Christus erwartet euch an eurem Ort. Mit diesem Buch möchten wir viele weitere Frauen und Männer einladen und dafür gewinnen, sich mit den Frauen, mit uns, auf den Weg zu machen.

Claudia Janssen für die Autorinnen dieses Buches

---

* In Anerkenntnis der Mannigfaltigkeit von Geschlechtern und als Bestandteil geschlechtergerechter Sprache setzen wir zwischen der männlichen und der weiblichen Form den Unterstrich, um allen, die sich „dazwischen" befinden, Raum zu geben.

Tägliche Übungen: Exerzitien im Alltag

Ich habe es schon mehrfach als beglückend erlebt, mit anderen Frauen Exerzitien im Alltag zu gestalten und möchte anregen, dieses Buch als Grundlage dafür zu nehmen. Das hieße, sich vier oder sieben Wochen Zeit zu nehmen und einmal täglich zu Hause, am besten zu einer bestimmten, immer gleichen Zeit, fünfzehn bis dreißig Minuten stille Zeit mit den Anregungen des Buches zu verbringen sowie fünfzehn Minuten Tagesrückblick am Abend zu halten. Sofern es die Gelegenheit gibt, sich einmal wöchentlich in einer Gruppe zu treffen, sich auszutauschen und gemeinsam zu meditieren, kann dies unterstützend wirken. Vielleicht finden Sie in Ihrer Nähe eine Person, die bereit ist, als Exerzitienbegleitung einzuladen. Ein wichtiges Element von Exerzitien ist das Ritual. Dazu gehört es, sich zu Hause einen festen Ort für die stille Zeit zu schaffen und ihn so zu gestalten, dass er für die Übung der Stille förderlich ist. Für die tägliche Ausübung bietet es sich an, zu Beginn immer eine (dieselbe) Übung zu machen, dasselbe Gebet zu sprechen. Dabei kann es sich um Entspannungsübungen, Atemübungen oder ein Herzensgebet handeln.

Möglicher Aufbau der täglichen stillen Zeit

Den Ort bereiten: eine Körperhaltung einnehmen, die zur Aufmerksamkeit verhilft: zur Ruhe kommen (Körperübung, Stilleübung, Anfangsgebet) und die Texte zum Tag lesen. Lassen Sie Ihre Gedanken zum Text kommen, bleiben Sie bei dem, was Sie besonders anspricht, gehen Sie Widerständen, Erinnerungen, Wahrnehmungen nach oder halten Sie die Leere aus, wenn sie sich einstellt. Es folgen ein Gebet, eine Abschlussgeste und ein Rückblick, manche mögen vielleicht etwas in ihr Tagebuch oder ein eigens für diese Zeit angeschafftes Heft schreiben.

Einstimmungsübung im Sitzen

Ich sitze auf einem Stuhl oder Hocker. Meine Füße ruhen mit der ganzen Fußfläche auf dem Boden. Ich spüre zu meiner Sitzfläche hin, richte mich vom Becken her auf. Meine Wirbelsäule ist gerade. Meine Hände liegen auf den Oberschenkeln oder ruhen im Schoß. Mein Scheitelpunkt zeigt nach oben. Ich spüre, wo mein Körper die Sitzunterlage und den Boden berührt. Ich fühle mich getragen vom Stuhl und Boden. Ich spüre meinen Atmen, wie er kommt und geht, und lasse mit jedem Ausatmen mehr los.

nach Annelene Mirow-Strack

Das Ein- und Ausatmen kann auch von einem Gebetswort begleitet sein, beispiels-weise: ‚Gott, Du – umhülle mich, erfülle mich.'

Anfangsgebet

Mich loszulassen, Gott, bin ich hier:
Aus meiner Verspannung, aus meiner Verstrickung, aus meiner Verkrampftheit,
mit der ich mich festhalten will und doch verliere.

Mich niederzulassen, Gott, bin ich hier:
In meine Mitte, in meine Tiefe, in meinen Grund. Dorthin, wo ich an dich grenze,
wo mein Leben an dein Leben rührt.

Amen

nach Annelene Mirow-Strack

Vielleicht finden Sie auch in den Texten dieses Bandes einen, der Sie mehr als alle anderen während der Wochen begleitet, oder Sie haben Ihr ganz eigenes Gebet, das Sie durch die Zeit leiten soll. Auch die stille Zeit am Abend kann in ein festes Ritual, in feste Gesten eingebettet sein.

Gebet der liebenden Aufmerksamkeit

Ich nehme meinen Platz ein. Ich setze einen bewussten Anfang. Ich nehme mich
wahr, wie ich da bin. Ich spüre meinen Atem. Ich sammle mich aus aller Zerstreut-
heit. Ich bitte Gott um sein/ihr Licht, damit ich in seinem/ihrem Licht den ver-
gangenen Tag anschaue, dass ich ihn anschaue mit Gottes liebevollem Blick.

Ich gehe den vergangenen Tag durch, ohne zu werten. Liebevoll, ohne über
mich selbst und andere zu urteilen, lasse ich alles noch einmal an mir vorüber-
ziehen. Ich lasse auch die Gefühle kommen: Wie ging es mir: Am Morgen – am
Vormittag – in der Mittagszeit – am Nachmittag – am Abend? Und jetzt? Was
war schön an diesem Tag, was hat mir gut getan, wo habe ich Trost, Ermuti-
gung, Glück ... gespürt? Wofür bin ich dankbar? Was war nicht so gut, wo habe
ich Angst, Misstrauen, Ärger ... gespürt? Wo fühle ich Schmerz? Ich lasse alles zu.
Ich lege diesen Tag und alles, was war, vor Gott und bitte Gott um seinen/ihren
Segen.

nach Annelene Mirow-Strack

Das Wichtigste an den Exerzitien ist die Freiheit, sich von den Regeln nicht versklaven zu lassen. Das Bedürfnis, die Disziplin der Übungen zu halten, haben wir erfahrungs-gemäß sowieso. Freuen Sie sich über jeden Tag, an dem Sie zu Ihrer Zufriedenheit Zeit für sich und die Besinnung finden. Seien Sie sich nicht gram, wenn es nicht funktioniert, das passiert zuweilen auch anderen. Suchen Sie, wenn es sich anbietet, auch einmal einen Ort in der Natur für Ihre „Einkehr" oder nehmen die Texte mit auf einen stillen Weg oder in eine Kirche.

Die Geste des sich Bekreuzigens

Es gibt viele Gesten, die am Anfang und Ende einer Gebets- oder Meditationszeit stehen können: Hände zusammenlegen, Arme erheben, sich verneigen ... Eine Geste aus der christlichen Tradition ist das Bekreuzigen. Viele Frauen haben diese Geste aus der Feministischen Kritik heraus abgelegt oder wollen sie nicht einüben. Sie erleben sie als zu nah an einer Frauen unterdrückenden religiösen Praxis, die darin unterstützt, „ein Kreuz auf sich zu nehmen" oder die davon ausgeht, dass Jesus für die Erlösung der Menschen gestorben sei und „frau" sich das mit dieser Geste bewusst machen soll. Das Kreuz kann aber – wie das „keltische" gleichseitige Kreuz im Kreis – auch als Verbindung der Horizontalen und der Vertikalen wahrgenommen werden, die Geste kann darin unterstützen, sich als ganzen Menschen, als ein ganz eigenes Universum wahrzunehmen: Von Kopf bis Fuß, in der Bewegung von Kopf bis Unterleib, von links nach rechts, mit Hand und Fuß, mit Herz und Sinn. Vielleicht mag die eine oder andere ausprobieren, sich diese Geste anzueignen, sie sich zu Eigen zu machen.

Exerzitiengruppe

Wenn sich eine Exerzitiengruppe bildet, kann ein wöchentliches Treffen (anderthalb bis zwei Stunden) folgendermaßen aufgebaut sein: Musik zum Ankommen, Rückblick auf die vergangene Woche, Austausch, Vorschau auf die kommende Woche, kurze Pause, Stille-Übung/Meditationsübung (ggf. unterschiedliche Meditationstechniken), Stille, Segen.

Das letzte Treffen kann als Agape- oder Abendmahlsfeier gestaltet sein.

Invocavit Wochenlied

Steh auf

Kanon

Steh auf, be - we - ge dich,

denn nur ein er - ster Schritt

ver - än - dert dich, ver - än - dert mich,

steh auf, be - we - ge dich.

Text: Thomas Laubach, Musik: Thomas Quast

Der Sonntag Invocavit

Seit dem ersten Jahrhundert ist eine 40-tägige Vorbereitungszeit vor Ostern über-liefert. Die Zahl 40 spielt in vielen Geschichten der Bibel eine Rolle: Die Sintflut geht über 40 Tage und 40 Nächte, in 40 Tagen soll Ninive untergehen, Mose ist 40 Tage auf dem Berg Sinai und die Wanderung des Volkes Israel durch die Wüste dauert 40 Jahre. Diese Geschichten beschreiben Zeiten des Übergangs, der Läuterung und der Buße. Ein Prozess, der auch nötig ist, um sich auf die Feier der Auferstehung, auf das Fest des neuen Lebens vorzubereiten.

Eine Möglichkeit der Vorbereitung ist es, zu fasten. Fasten heißt dem Wortsinn nach: sich festmachen, sich auf das Wesentliche konzentrieren. In der altkirchlichen Zeit bezog sich das Fasten zunächst auf den Verzicht bestimmter Speisen. Dazu kam bald ein „Fasten mit den Augen": In den Kirchen wurde der Schmuck entfernt bzw. ver-hüllt. Und auch den Ohren wird ein Verzicht auferlegt: In der Liturgie entfallen an den Passionssonntagen der Lobpreis (Ehre sei Gott in der Höhe) und das Halleluja. An den Sonntagen wurde nicht gefastet. Um trotzdem auf 40 Tage zu kommen, wurde die Fastenzeit nach vorn verlängert. Sie beginnt darum bereits am Mittwoch vor Invo-cavit, am „Aschermittwoch".

Invocavit bedeutet: „Er ruft mich an." Mit diesen Worten beginnt der Wochenpsalm: „Er ruft mich an, darum will ich ihn erhören" (Ps 91,15). Inhaltlich ist der Sonntag durch das Evangelium vom 40-tägigen Fasten Jesu in der Wüste bestimmt und seiner Versuchung durch den Teufel (Mt 4,1–11).

Die erste Versuchung: Steine in Brot verwandeln können. Ist das nicht immer noch ein Traum? Kein Kind muss mit leerem Magen zu Bett gehen! Alle werden satt! Doch Jesus weiß: „Der Mensch lebt nicht vom Brot allein." Probleme lassen sich nicht durch Wunder von oben lösen, aber ein anderes Wunder kann geschehen, wenn wir uns stärken lassen vom Brot des Himmels, um das Brot der Erde miteinander zu teilen.

Die zweite Versuchung: „Spring vom Tempel, es wird dir nichts passieren." Keine Angst mehr haben, mutig sein, weil ich sicher bin: Mir wird nichts passieren! Schön wäre das! Frei sein und unverletzlich mit unbegrenzten Möglichkeiten. Aber Jesus sagt: „Nein." Er will Vertrauen leben. Ein Mensch sein, der das Leben mit anderen teilt und es auskostet in seinen Höhen und Tiefen.

Und schließlich: „Das alles will ich dir geben!" Alles haben, alles machen können! Sich nicht mehr mühen müssen, mehr haben als das Nötige, alles können! Wer wünscht sich das nicht manchmal! Aber Jesus lässt sich nicht kaufen. Er verweigert der Gier nach „immer mehr" seine Bewunderung.

Jesus zerstört die Taten des Teufels gewaltlos, in dem er bei sich bleibt und an Gottes Gebot festhält. Er sagt „Nein" – und der Teufel läuft mit seinen Versuchungen ins Leere.

Exegetische Gedanken

„Deshalb ist Gottes Erwählter erschienen,
um die Taten des Teufels zu zerstören."
1 Joh 3,8

Der erste Johannesbrief spricht in die Situation einer bedrängten Gemeinde hinein und will sie trösten. Das Thema ist die Liebe, die das Handeln der Menschen untereinander bestimmen soll, weil es Gottes Liebe entspricht. In 3,1 heißt es: „Seht, wie viel Liebe Gott uns geschenkt hat, damit wir Gottes Kinder genannt werden, und wir sind es. Deshalb versteht uns die Welt nicht, weil sie Gott nicht versteht." Das Handeln der Welt ist davon geprägt, dass sie Gott fern ist. Die Menschen, die zur Welt (gr. *kosmos*) gehören, tun Unrecht, unter dem die Gemeinde leidet. Das Wort „Sünde" meint diese Gottferne, sie wird auch *anomia* „Gesetzlosigkeit" genannt (3,4). Das Gesetz, der *nomos*, ist die Tora Gottes, die gute Weisung Gottes zum Leben, die die Gottfernen nicht befolgen.

Der Vers, aus dem der Wochenspruch stammt (3,8), formuliert dies für unsere heutigen Ohren sehr krass: „Die gottfern handeln, sind vom Teufel, weil der Teufel von Anfang an Gott fern ist." Was oder wer ist hier mit Teufel gemeint? Es geht nicht um eine Gestalt, die mit Pferdefuß und Schwefelgestank daherkommt. Biblische Sprache nennt die Macht Satan oder Teufel, die Gewalt und Tod verkörpert, die zwar von Menschen gemacht, aber auch als übermächtig erlebt wurde. Es geht um ein transpersonales Böses, nicht darum, bestimmte Menschen als die Bösen zu verteufeln.

Der Teufel ist eine Macht, an der Menschen Anteil haben, wenn sie sich an ihr orientieren und nicht an Gottes guter Weisung zum Leben. Diese von Menschen gemachte Übermacht gewinnt Gewalt über sie, übernimmt die Herrschaft über die Welt. Heute wird diese Gewalt strukturelle Sünde genannt und das eigene Verstricktsein in sie mit dem Begriff Mittäter_innenschaft beschrieben. Mit dem Teufel wird eine mythische Gestalt ins Spiel gebracht, die dazu da ist, dass ich sie anschauen, mit ihr sprechen kann – wie Jesus in der Wüste (Mt 4). Das Böse bekommt eine Gestalt, mit der ich kämpfen kann. Es geht darum, ihre Macht zu durchschauen, sich ihr zu widersetzen, sie zu entmythologisieren.

Der erste Johannesbrief tröstet die Gemeinde, indem er ihr deutlich macht, dass sie nicht alleingelassen ist. Es steht eine Macht an ihrer Seite, die „die Taten des Teufels zerstört": der Sohn Gottes. Die Bibel in gerechter Sprache übersetzt: „der Erwählte Gottes", um deutlich zu machen, dass hier ein sprachliches Bild verwendet wird und es nicht um einen biologischen Vater und seinen Sohn geht. Diese Bezeichnung macht dann allerdings die geschwisterliche Christologie dieses Textes unsichtbar, der besonderen Wert darauf legt, dass dieser Sohn Gottes inmitten der anderen Kinder Gottes steht, die wie er von Gott geboren wurden: „Alle, die Gott geboren hat, leben nicht gottfern, denn das göttliche Samenkorn bleibt in ihnen. Sie können nicht gottfern leben, weil sie von Gott geboren sind" (3,9). Ihre Identität als Kinder Gottes ist an ihrem Handeln zu erkennen, an ihrer Liebe.

Wie lässt sich diese heilsame Zerstörung der Taten des Teufels vorstellen? Die Macht der Gotteskinder ist ihre Liebe, nicht Gegengewalt. Das wird aus dem ganzen Brief ersichtlich. Liebe meint jedoch kein passives Hinnehmen von Gewalt, sondern beschreibt einen machtvollen Gegenentwurf zur strukturellen Sünde – ein Miteinander, das von Gegenseitigkeit geprägt ist, sich auf Frieden und Gerechtigkeit ausrichtet. Das Verb *lyein*, das hier mit „vernichten" übersetzt wird, kann auch „lösen" heißen: Die Verstrickungen der strukturellen Sünde sollen gelöst werden – dazu braucht es Kreativität, Mut und eine Gemeinschaft, die sich zusammen auf den Weg macht: die Geschwisterschaft der Gotteskinder.

Sonntag

Sieben Wochen das Leben vertiefen: Radikalität des Glaubens

In allen Religionen gibt es das Fasten als eine Zeit des Verzichts, um Gott näher zu kommen und das Leben zu vertiefen. 40 Tage nichts essen, das ist möglich und hat einige zu tiefen religiösen Erfahrungen geführt. Zu allen Zeiten hat es aber auch extreme Formen des Fastens gegeben, die das Leben zerstörten.

Die Aktion „7 Wochen ohne" fasziniert immer mehr Menschen; sieben Wochen ohne Fernsehen oder ohne Ausreden … und manche entscheiden für sich: sieben Wochen ohne Schokolade oder ohne Alkohol … – Ich bin dabei!

Seit 13 Jahren entscheide ich mich, sieben Wochen zu verzichten. Und seit einigen Jahren werde ich unzufriedener.

Warum?

Ich habe das Fasten weichgespült: Ich schränke mich ein, verzichte und mache mir und andern bewusst, dass Fastenzeit ist. Aber ich verzichte, weil ich zu viel Alkohol trinke, weil Fernsehen schlecht ist, die Umwelt bedroht ist ….

Ich bin sieben Wochen Gutmensch: gut zur Schöpfung, gut zu mir selbst.

Aber Gott näher gekommen bin ich deshalb nicht. Mein Leben ist punktuell besser geworden.

Meine Sehnsucht, an Grenzen zu stoßen und dort Gott zu begegnen, ist ungestillt.

Kann es sein, dass ich nur ausweiche?

Kann es sein, dass mir die Leidenschaft fehlt?

Wie verändert sich mein Leben, wenn ich
dem radikalen Ruf Jesu folge, alles hinter mir lasse
und mich ganz auf Gott verlasse?

Ach Gott, gib mir den Mut, mit Leidenschaft und
Hingabe wenigstens sieben Wochen mein Leben allein
dir anzuvertrauen.

Montag

Wir fühlten alle, wie tief
und furchtbar die äußeren Mächte
in den Menschen hineingreifen können,
bis in sein Innerstes, aber wir fühlten auch,
dass es im Innersten etwas gab,
was unangreifbar war und unverletzbar.

Anna Seghers

Wie hätte ich mich verhalten?

Hätte ich einem entflohenen KZ-Häftling geholfen?
Hätte ich eine jüdische Mutter mit ihrem Kind versteckt?
Hätte ich im Krieg einen Befehl verweigert?

Äußere Mächte greifen in unser Innerstes.
Das haben Menschen im Dritten Reich bitter erfahren.

Und heute?

Niemand kann sich raushalten.
Der Satz: „Damit habe ich nichts zu tun!"
taugt nicht für einen inneren Frieden.

Was aber ist dieses „Unangreifbare" und „Unverletzbare",
was ganz im Innersten lebendig ist, auch wenn der Tod scheinbar
schon die Macht übernommen hat?

Dienstag

Leidenschaft für das Leben

In der ersten Woche der Passionszeit halte ich inne,
schaue an:

> Was Leben verhindert.
> Was Leiden schafft.
>
> Löse Verstrickungen.

Gehalten vom Blick der Güte Gottes frage ich mich:

> Was ist mir gelungen?
> Was ist mir misslungen?
>
> Was will heil werden in meinem Leben?
>
> Wie lebe ich in Beziehungen?
> Sehe ich mit dem Blick der Liebe und Güte?
> Achte ich auf Grenzen?

Ich hinterfrage mein Handeln:

Lebe ich in Verbundenheit mit der Schöpfung?
Wo bin ich stecken geblieben in den Verstrickungen?
Wo habe ich Frieden zu schaffen?

Heute, zu Beginn der Passionszeit,
lege ich meine Sehnsucht nach neuem Leben in Gottes Hand.

Ich buchstabiere das neue Leben,
das in der Aufstehbewegung aufleuchtet.

Ich lasse die Liebe der Ewigen durch mich hindurchströmen
und berge mich in ihr.

Ich zünde ein Licht an. Ich kehre um ins Leben.

Ich höre: „Tochter Gottes/Sohn Gottes bist du.“

Mittwoch

Mutlos und hoffnungslos bin ich.

Achselzuckend frage ich:
„Was kann ich schon tun?
Ich bin ein kleines Rädchen im Getriebe der Mächte."

Und doch:

Da ist die Kraft,
die Widerstand weckt.

Da ist die Kraft,
die mich aufstehen lässt.

Da ist die Kraft,
die mich an Gottes Sein in der Welt glauben lässt.

wie eine Marionette bin ich
verheddert in den Strukturen des Bösen

                steh auf und nimm wahr
          wo du selbst die Strukturen bewahrst

eingeengt ausgeliefert hilflos
was kann ich als Einzelne schon tun

                steh auf und nimm wahr
       wo du jetzt und hier der Anderen beistehen
           Schritte auf dem Weg gehen kannst

Donnerstag

„ … ist erschienen.“

Das ist wie Weihnachten am Anfang der Passionszeit

„Gottes Erwählter ist erschienen.“

Ein Satz ohne Wenn und Aber.
Da ist kein „vielleicht“,
nichts, was an eine Bedingung geknüpft ist,
kein „es wird in ferner Zeit“,
auch kein: Du musst oder Du sollst,
sondern ein Schlichtes: Es ist.

Er ist da, der Auserwählte Gottes.
Sie ist da, die Gnade Gottes unter den Menschen
Jetzt. Heute. Unter uns.

Darum muss ich nicht wegsehen.
Kann genau fragen und analysieren,
wo das Kreuz in der Welt steht.
Heute, hier und jetzt,
im Leben von Frauen und Männern,
in den Strukturen von Ungerechtigkeit und Gewalt.

Weil die Kraft des Auserwählten lebendig ist
in uns und unter uns,
darum kann ich hinschauen,
ewigkeitssichtig werden,
die Präsenz der Ewigkeit entdecken in der Zeit,

Leuchtfäden von Ostern in der Passion.

Lass deinen Christus erscheinen unter uns, Lebendige.

Deine Liebe,
die mich aufrichtet,
dass ich dem Bösen widerstehe.

Deine Kraft,
die mir den Rücken stärkt,
dass ich mir treu bleibe und deinem Gebot.

Deine Wahrheit,
die meinen Blick öffnet,
dass ich weiter sehe, als ich bin.

Lass deine Gnade aufscheinen in meinem Herzen.

Freitag

„ … um die Taten des Teufels zu zerstören.“

Zerstören

Ich bleibe an diesem Wort hängen, es gefällt mir nicht.

Zu viel Zerstörung sehe ich an allen möglichen Orten:
  zerstörte Umwelt
  zerstörte Beziehungen
  zerstörte Menschen

Was kann an Zerstörung positiv sein?

Ich lese in der Bibel: Alles hat seine Zeit, töten hat seine Zeit, heilen hat seine Zeit; abbrechen hat seine Zeit, aufbauen hat seine Zeit … (Pred 3,3)

Gibt es eine aufbauende Zerstörung,
eine konstruktive Destruktion?

Ich bohre tiefer:

Das Wort im Griechischen heißt auch „lösen".

Das klingt nach auflösen – wie sich etwas in einer Säure auflöst, zersetzt.
Es ist nicht mehr da, hat keine Wirkung und Macht mehr.

Mir fallen andere Worte ein:
aushungern, die Kraft entziehen, den Saft abstellen,
die Energie rauben …

Die Werke des Teufels auf die Weise zerstören,
dass ich ihnen die Angriffsfläche entziehe, den Anknüpfungspunkt
verwehre, dem Teufel die Mittäter_innenschaft aufkündige?

Nicht die brachiale Gewalt der Zerstörung ist nötig,
die nur neue Gewalt und Zerstörung gebiert, sondern das sanfte Gift
der Zersetzung, der Verweigerung, des Ungehorsams.

Wo der Teufel in uns keine Verbündeten findet,
sind seine Taten zerstört.

Christus, der Erwählte Gottes
ist **nicht** erschienen um:
    weichzuspülen: „Das muss man von mehreren Seiten betrachten."
    zu beruhigen: „Das wird schon wieder."
    abzuwiegeln: „Das ist doch gar nicht so schlimm."

Christus, der Erwählte Gottes
ist erschienen um:
    lebensfeindliche Haltungen zu entlarven
    an den Rand Gedrängten Recht zu verschaffen
    destruktive Kräfte aufzudecken

Ungebrochen – in Angst und Mut?

Unerschütterlich – in Zweifel und Klarheit?

verletzlich
sich selbst aufs Spiel setzend
wie wir wissen

… uns ist noch nicht erschienen, was wir sein werden
mutig?
klar?
etwas riskierend?

Reminiscere Wochenlied

Meine Hoffnung und meine Freude

aus Taizé

Mei-ne Hoff-nung und mei-ne Freu-de, mei-ne Stär-ke, mein Licht, Chri-stus

mei - ne Zu - ver - sicht, auf dich ver - trau ich und fürcht mich

nicht, auf dich ver - trau ich und fürcht mich nicht.

Text: katalanischer Spruch nach Jesaja 12,2, Musik: Jacques Berthier

Der Sonntag Reminiscere

„Gedenke, Ewige, an deine Barmherzigkeit und deine Güte, die von Ewigkeit her gewesen sind", heißt es in Psalm 25,6, von dem sich der Name des zweiten Sonntags in der Passionszeit ableitet. Zwischen Invocavit und Oculi liegt der Hauptakzent dieses Sonntags auf dem Ringen um Trost und Hoffnung im Angesicht einer Welt, die von Unrecht und Gewalt gezeichnet ist.

Die diesem Sonntag in der Gottesdienstordnung zugeordneten Bibeltexte spiegeln das in eindrucksvoller Weise wider. Das Evangelium mit dem Gleichnis von den bösen Weingärtnern, das Weinberglied aus Jesaja 5 und die sogenannte Zeichenforderung der Pharisäer aus Matthäus 12 zeichnen eine Welt, die von Rechtsverletzung und Zerstörung geprägt ist.

Der angstvolle und bedrohliche Ton dieser Texte, die scheinbare Totalität der Gewalt, von der sie erzählen, klingt bis in gegenwärtige globale politische Wahrnehmungen und Erfahrungen hinein. Aber gegen den Zweifel und die Resignation, die sich aus diesen Wahrnehmungen speisen, werden das große Hoffnungslied des Paulus (Röm 5), die Verkündigung Jesu Christi (Joh 8,26b–30) und der Glaubensweg Abrahams und Saras aufgerufen (Hebr 11,8–11). Gegen allen Augenschein bezeugen sie inmitten einer Welt des Todes die Spur jener Gottheit, die sich in ihrem Namen als „Ich-bin-für-euch-da" in der Heilsgeschichte Israels immer wieder offenbart hat.

„Gedenke" wird darum nicht nur Gott selbst im Gebet angerufen, sondern gedenken und erinnern sollen sich auch die Glaubenden selbst. An die Zeichen der Hoffnung, die sich durch die jüdisch-christliche Glaubensgeschichte und die Glaubensgeschichte ihres eigenen Lebens hindurchziehen.

In diese gedankliche Linie fügt sich auch der Wochenspruch aus dem Brief an die Gemeinde in Rom ein:

Gott erweist uns seine Liebe darin, dass der Messias für uns gestorben ist, als wir noch der Sündenmacht dienten.

Exegetische Gedanken

„Gott erweist uns seine Liebe darin, dass der Messias
für uns gestorben ist, als wir noch der Sündenmacht dienten."
Röm 5,8

Der Textzusammenhang, in dem die Worte des Wochenspruches stehen, kreist um ein Thema, das „Paulus" (1) und viele der frühen Messias-Jesus gläubigen Gemeinschaften (2) bewegt hat:

Wie können wir die Hoffnung auf die Verwandlung der Welt, auf das Anbrechen der Königsherrschaft Gottes, die Jesus verkündet hat, festhalten angesichts der totalitären Gewalt, die wir jeden Tag erleben?

Wie können wir der Gerechtigkeit, der Versöhnung, dem Frieden Wege bahnen in einer Gesellschaftsordnung, die auf die Herrschaft und den Profit weniger und die Unterdrückung und Ausbeutung vieler ausgerichtet ist?

Wir lesen „Paulus" im Kontext der Macht- und Unterwerfungspolitik des Imperium Romanum, vor dem Hintergrund von unterdrückenden und entrechtenden Herrschaftsstrukturen, die Gräben der Feindschaft schufen:

Zwischen römischen Bürger_innen und Angehörigen der unterworfenen Völker, zwischen Menschen griechischer und jüdischer Herkunft, zwischen Versklavten und Freien, zwischen Männern und Frauen.

Gegen die Totalität römischer Macht, die sich in alle Lebensbereiche erstreckte, an der egalitären, auf gerechte Beziehungen ausgerichteten Lebenspraxis Jesu festzuhalten, war schwer und teilweise gefährlich.

Dem Zweifel, der Resignation, vielleicht auch den Ausstiegstendenzen, die bei vielen aufgekommen sein mögen, setzt „Paulus" die Erfahrungen der Liebe Gottes entgegen, die er und seine Leser_innen auf dem Weg der Nachfolge bereits gemacht haben:

In Leidenserfahrungen sind sie nicht zerbrochen, sondern haben erlebt, dass ihre Widerstandskraft wuchs, dass sie standhalten konnten und dadurch wiederum in ihrem Vertrauen, in ihrer Hoffnung gestärkt wurden. Dies, sagt „Paulus", ist die Wirkung der Liebe Gottes, die durch die heilige Geistkraft „in unsere Herzen gegossen" ist (Röm 5,5).

Das größte Zeichen dieser Liebe Gottes aber ist für „Paulus" der Messias selbst. Er starb für uns, als wir noch „der Sündenmacht dienten", heißt es im Wochenspruch.

Er setzt sein ganzes Leben ein – nicht für Gerechte – sondern für Menschen, die keine Perspektive zu haben scheinen. Die in den Strukturen der ungerechten Herrschaft verstrickt und gefangen sind und die dem Hass, der Feindschaft und der Gewalt, die die „Sündenmacht" täglich produziert, nichts entgegensetzen können.

Für das Heilwerden dieser Menschen, zu denen „Paulus" sich über das „wir" ebenfalls rechnet, hat der Messias sich rückhaltlos eingesetzt, und sogar den Tod dafür in Kauf genommen. Aber es ist nicht sein Tod, der heilende und entfeindende Kraft hat, es ist die Liebe und Hoffnungskraft Gottes, die der Messias durch sein Leben zur Welt gebracht hat (3).

Für „Paulus" kommt es darum darauf an, sich selbst und die Leser_innen an ihre eigenen Erfahrungen mit der Liebeskraft Gottes zu erinnern und sie gegen alle Gewalt- und Unheilserfahrungen dieser Welt als Hoffnungszeichen in Anspruch zu nehmen.

Daraus ergibt sich für uns die Blickrichtung in dieser Woche:

Welche Erfahrungen der Liebe Gottes nehmen wir in Anspruch gegen unsere Zweifel, gegen die Erfahrungen, die unsere Hoffnung bedrohen?

Was ermutigt uns im Angesicht globaler Unrechtszusammenhänge auf Gerechtigkeit zu hoffen – anders zu leben?

Welche „Sündenmacht" hält unsere Hoffnung gefangen?

Was stärkt unsere Geduld und Widerstandskraft und befreit uns zum Leben?

Sonntag

Nach dir, ‚Adonaj‘, strecke ich mein Leben aus.
Mein Gott, auf dich vertraue ich.
Lass mich nicht scheitern,
lass meine Feinde über mich nicht triumphieren.
Die auf dich hoffen, werden nicht scheitern.
Es scheitern, die die Treue brechen – für Nichts.
Deine Wege, ‚Adonaj‘, lass mich erkennen,
deine Pfade lass mich lernen.
Lass mich in deiner Verlässlichkeit gehen, belehre mich.
Du bist Gott, meine Befreiung. Auf dich hoffe ich jeden Tag.
Erinnere dich an deine Zuneigung, ‚Adonaj‘, an deine Freundlichkeit.
Die waren immer schon da.
An die Verfehlungen meiner Jugend
und an meine Vergehen erinnere dich nicht.
Weil du freundlich bist, erinnere dich an mich, du!
Weil du gütig bist, ‚Adonaj‘!

(Psalm 25,1–7, BigS)

Wenigstens

Es fehlt so viel
so schrecklich viel an
Glück und Menschennähe
Leben und Leichtigkeit

Wenigstens Hoffnung
wenigstens Worte
wenigstens Spuren
brauch' ich von Dir
vergiss das nicht Gott

Carola Moosbach

Montag

„Man kann ja doch nichts machen",
dieser tausendfach gehörte Satz
tötet die Seele.
Solange wir an diese Grunderfahrung
gesellschaftlicher Ohnmacht
nicht herankommen,
werden wir das komfortable Gefängnis
nicht verlassen können.

Dorothee Sölle

Welcher Macht gebe ich Raum?

Es gibt Tage da reicht mir ein Satz in der Zeitung
ein unfreundliches Wort auf der Straße
ein grimmiger Blick
und ich weiß
es ist dumm zu vertrauen
blind und wirklichkeitsfremd
zu glauben
dass Verwandlung möglich ist

Es gibt Tage da reicht mir ein Satz in der Zeitung
ein freundliches Wort auf der Straße
ein liebevoller Blick
und ich weiß
es ist klug zu vertrauen
hellsichtig und lebensnah
zu glauben
dass Verwandlung möglich ist

Sündenmacht – Sünde macht?

Sünde macht,
   dass ich mich von mir und von anderen entferne.
Sünde macht,
   dass ich Beziehungen zerstöre, obwohl sie mir gut tun.
Sünde macht,
   dass ich Folgen ignoriere, obwohl sie so offensichtlich sind.
Sünde macht,
   dass ich Unrecht billigend in Kauf nehme.
Sünde macht
   mich klein, wenn ich andere klein mache.
Sünde macht?

Liebesmacht – Liebe macht?

Liebe macht,
    dass ich mich den anderen nähere.
Liebe macht,
    dass ich in Beziehungen investiere, auch wenn es mühsam ist.
Liebe macht,
    dass ich die Folgen meines Handelns sehe und dafür einstehe.
Liebe macht,
    dass ich mich für Gerechtigkeit einsetze.
Liebe macht
    mich groß und ich lasse andere groß werden.
Liebe macht?

Hingabe, die

Hingabe: Überlassung, Abtretung, Auslieferung, Entäußerung, Preisgabe, Weggabe

Leidenschaft: Begeisterung, Eifer, Einsatz, Einsatzbereitschaft, Engagement, Entsagung, Feuereifer, Hingebung, Liebe, Aufmerksamkeit, Aufwand, Demut, Energie, Interesse

Opferbereitschaft: Aufopferung, Idealismus, Opfer, Opfermut, Opferung, Opferwille, Selbstaufopferung, Verzicht

(Online-Synonymwörterbuch „Woxicon")

Hingabe

Kinder spielen mit Hingabe, damit meine ich, sie sind total
bei der Sache, sie spielen selbstvergessen und sind dabei trotzdem
ganz bei sich.

In der Psychologie nennt man das Flow.

Man kann das nicht machen,
man kann es nicht fordern –

es passiert –
beim Laufen
beim Improvisieren
beim Visionieren
es passiert …

Begeisterung, Einsatz, Engagement, Liebe, Energie – Hingabe!

Sterben als Liebeserweis?

Wie oft habe ich das gehört:
Christus ist für Dich gestorben.

Ich frage mich
wie kann Gott uns Liebe erweisen
durch den Tod eines Menschen?

Ja
durch den grausamen
elenden Foltertod
gerade des Menschen
der für viele
ein Trost- und Hoffnungszeichen war?

Liebeserweise Gottes stelle ich mir anders vor.

Liebeserweise Gottes
befreien Menschen
dass sie aufatmen und sich entfalten können
dass ihre Verletzungen heilen
und sie wieder lebendig werden
richtig lebendig

Liebeserweise Gottes
sprengen die Fesseln
mit denen wir uns selbst
und andere klein halten
die Fesseln unserer Angst
unserer Resignation
unserer stillen Verzweiflung

Liebeserweise Gottes
haben etwas zu tun
mit Hoffnung und Freude
mit Dankbarkeit und mit Glück
mit einem wirklichen tiefen unverlierbaren
Gottesglück
das auch der Tod nicht auslöschen kann
kein Tod
auch nicht der grausame elende Foltertod
des Menschen
der von diesem Gottesglück so erfüllt war
dass es überfloss
und fließt
bis heute

Freitag

Der Messias, der Gesalbte?

Salben ist mehr als Creme zu verstreichen
Wunden salbt man und Striemen
behutsam
vorsichtig
Schmerz und Verletzlichkeit achtend

Wer salbt
berührt
nimmt liebevoll Kontakt auf
tritt zärtlich in Beziehung
zu sich selbst und
zu anderen
in tröstende
heilende
stärkende
Beziehungen

Salbende sind Gesalbte
sind Salben Gottes

Heilsam berühren

Lisa war Mitte dreißig, als ich sie kennenlernte.
Eine schöne, eine kluge, eine selbstbewusste Frau.
Sie hatte gerade ihr drittes Kind geboren, als ihr Mann
seinen Arbeitsplatz aufgab und bei seiner Geliebten einzog.
Sie brachte die Kinder in Hort und Krippe unter und
suchte sich eine Vollzeitstelle.
Bis an die Grenzen ihrer Kraft zu gehen, machte ihr nichts aus.
Sie arbeitete gern in ihrem Beruf und sie liebte ihre Kinder.
Aber sie litt unter dem Gefühl, ihnen nicht gerecht zu werden.
Vor allem die Mittlere machte ihr Sorgen.
Eines Morgens kam ein Anruf aus der Schule,
ihre Tochter weine nur noch, sie möge sie abholen.
Mit gesenktem Kopf, das Kind an der Hand,
verlässt sie eine halbe Stunde später die Klasse.
Mittags klingelt das Telefon. Die Lehrerin ist am Apparat.
„Ich wollte Ihnen nur sagen, dass ich gesehen habe,
wie sehr Sie Ihre kleine Tochter lieben", sagt sie.

Für mich

Da ist eine für mich
auch wenn ich gegen mich bin

Da sieht einer das liebevoll an
was ich an mir nicht leiden kann

Meine Trägheit, mein Misstrauen, meine Gehässigkeit,
meinen Neid, meinen Hass, meinen Kleinmut,
meine Ohnmacht, mein Versagen, meine Schuld,
meine Verlogenheit, meine Untreue, meine Dummheit,
meine Gebrechlichkeit, meine Angst, meine Schmerzen,
meine Verletztheit, meine Unzulänglichkeit, mein Zerbrochensein

Da ist eine für mich
gerade dann
wenn ich gegen mich bin

Für mich – pro me

damit ich nicht verzweifle
damit ich nicht aufgebe
damit ich nicht zynisch werde
sondern
leben
hoffen
glauben kann

Für uns – pro nobis

um uns ein Zeichen zu geben
das bis in unseren tiefsten
Schmerz hineinreicht
das unverlierbar ist
und bleibt
auch wenn wir
zerbrechen

Oculi Wochenlied

Wir pflügen und wir streuen

Wir pflü-gen und wir streu-en den Sa-men auf das Land, doch Wachs-tum und Ge-dei - - hen steht in des Him-mels Hand: der tut mit lei-sem We-hen sich mild und heim-lich auf und träuft, wenn heim wir ge-hen, Wuchs und Ge-dei-hen drauf. Al-le gu-te Ga-be kommt her von Gott dem Herrn, drum dankt ihm, dankt, drum dankt ihm, dankt und hofft auf ihn!

Text: nach Matthias Claudius, 1783, Melodie: Hannover 1800

Der Sonntag Oculi

„Oculi" heißt „Augen". „Oculi mei" ist der Anfang eines Psalmverses in lateinischer Sprache.

„Meine Augen sehen stets auf GOTT, denn er wird meinen Fuß aus dem Netz ziehen", heißt es in Psalm 25,15.

Wie im Wochenspruch dieser Woche geht es auch hier um die Ausrichtung des Blickes. Im Psalm wird das Handeln nach der Tora als Ausrichtung auf GOTT verstanden.

Die französische Philosophin Simone Weil hat einmal gesagt:

> „Das Gute wird von der Aufmerksamkeit hervorgebracht,
> die man mit Liebe auf das nicht vorstellbare und unerreichbare Gute richtet."

Um solch *ausgerichtete Aufmerksamkeit* geht es am Sonntag Oculi.

Der Name des Sonntags und der Psalmvers – sie haben zunächst einmal nichts mit Jesus Christus zu tun.

Wenn aber der Satz „Meine Augen sehen stets auf GOTT" eingebettet ist in die Passionszeit, tritt die Passion, Leiden und Leidenschaft Jesu, mit in den Blick.

Gott schauen heißt dann auch: den leidenschaftlichen und leidenden MENSCHEN schauen – und in ihm GOTT.

In beiden Zusammenhängen – im Wochenspruch wie im Namen des Sonntags – geht es um die Blickrichtung:

Wohin schaue ich?

Exegetische Gedanken

„Wer die Hand an den Pflug legt und zurück sieht,
taugt nicht für das Reich Gottes."
Lk 9,62

Der Wochenspruch ist Teil eines Konfliktgesprächs zwischen Jesus und seinen Jüngern. Sie sind auf dem Weg nach Jerusalem, eine todernste Sache. Die Jünger spekulieren vielleicht noch auf einen Siegeszug. Aber Jesus ahnt, dass es ein Weg in den Tod wird. Er weist sie zurecht: Nachfolge gibt es nur ganz oder gar nicht. Dazugehören heißt, bereit sein, alles zu geben. Ziel ist es, Menschen für Gottes Neue Welt zu gewinnen, die jetzt schon anbricht.

Jesus vergleicht ihre Situation mit dem Pflügen:
Pflügen ist harte Arbeit, bei der keine Hand frei bleibt. Mit ganzer Kraft wird die Pflugschar in den Boden gedrückt, um in der Spur zu bleiben. Der Boden wird aufgebrochen, um die Bodenerträge zu steigern.

Gepflügt wurde nach dem ersten Regen im Sommer, wenn der Boden weicher war. Der Boden wurde in Furchen aufgerissen. Das Ziehen und Halten, Lenken und Wenden des Pfluges war schwere Arbeit für Mensch und Tier. Nach dem Pflügen wurde mit der Hand der Samen ausgestreut und erneut gepflügt, um den Samen mit Erde zu bedecken. Fachwissen und Erfahrung waren nötig, um den richtigen Zeitpunkt zu treffen. Rücksicht auf Befindlichkeiten konnte sich niemand leisten. Alle Hände wurden gebraucht. Und dann hofften alle auf Regen.

Den Blick nach vorn gerichtet, kann der Bauer die Furche hinter sich nicht sehen. Auch den eingebrachten Samen kann er nicht mehr sehen.

Rück-Sicht ist nicht möglich.

Der Bauer kann nichts weiter tun, als darauf zu warten und zu vertrauen, dass die Saat aufgeht.

Was macht mich bereit, alles liegen zu lassen und jetzt die Spur zu ziehen?

Wochenfragen:

Was ist jetzt?
    Was ist jetzt dran?
        Wohin zieht es mich?

*„Wir pflügen, und wir streuen den Samen auf das Land,
doch Wachstum und Gedeihen steht in des Himmels Hand …"*

EG 508,1

Wir pflügen und wir streuen – ein jubelndes Erntedanklied.

Jubel in der Passionszeit?

Ja, der Wochenspruch hat mich dazu inspiriert.

Die Aufforderung, alles hinter mir zu lassen, nicht zurückzusehen,
sondern die Hand an den Pflug zu legen, ist für mich eine Befreiung:
Ich bin frei, in bestimmten Situationen zu tun, was dran ist.
In solch einer Situation kann und darf ich rücksichtslos sein.

Es gibt Situationen, da kommt es nur auf das Eine an:
Gottes Neue Welt.

Ich lasse mich einspannen,
lasse mich rückhaltlos in eine Aufgabe fallen.

Ich gebe mich ganz hin, mit aller Leidenschaft und
mit der Bereitschaft, mich und was mir lieb und teuer ist,
dafür einzusetzen.

Mehr kann ich nicht tun!

Mehr muss ich nicht tun!

Alles andere liegt in Gottes Hand.

Und so kann ich jubelnd danken:
Es gibt etwas, wofür ich alles zu geben bereit bin.
Ich gebe alles und weiß, dass es genug ist.
Ich gebe es im Vertrauen auf Gott, der es vollenden wird.

Gott sei Dank.

Montag

Leidenschaft

Leidenschaft bedeutet, sich selbst zu vergessen,
sich einer Sache mit voller Hingabe zu widmen,
ohne vorher eine Kosten-Nutzen-Kalkulation zu erstellen.
Freilich, mit Leidenschaft kann man eine Sache auch
voll gegen die Wand fahren – oder Exzesse aller Art begehen.
Aber wer immer erst abwägt, ob sich der Einsatz lohnt,
wer niemals volles Risiko ohne Absicherung geht,
der wird niemals wissen, was der Sinn des Lebens ist.

Doris Akrap

Sehnsucht

Ach, wenn es doch etwas gäbe, für das ich alles stehen und
liegen lassen würde!

Wo zieht es mich hin?
   Was ist jetzt dran?

Bin ich wirklich bereit?
   Wie lange warte ich noch?

Gott gibt mir die Kraft und den Mut, alle Sicherheiten
und Zweifel fallen zu lassen. Zu lange schon bewege ich mich
auf ebenen Wegen.

Ach, wenn ich es doch könnte:
Mich in die Spur begeben und umpflügen, was hinter mir liegt.
Damit Neues wachsen kann.

Ich bin bereit.

   Worauf warte ich noch?

Dienstag

Bin ich geeignet?

Eignungsprüfung

Wer nicht *taugt*, eignet sich nicht, passt nicht, nützt nicht.
Das Wort „taugen" ist nur im Zusammenhang mit etwas anderem
möglich: zu etwas oder für etwas taugen.

Der Begriff der *Tauglichkeit* ist im bundesdeutschen Sprachgebrauch
bekannt aus der Musterung der Wehrpflichtigen. Aber auch in
Ausbildungsgängen, Bewerbungsverfahren oder Castings geht es
um die Frage der Eignung. In diesen Verfahren schauen *andere*,
ob ich geeignet bin.

Der Wochenspruch fragt MICH:

Bin ICH bereit, mich mit meiner ganzen Existenz auszurichten
auf Gottes Neue Welt?

Die Eignung oder Tauglichkeit besteht nicht in
irgendeiner Eigenschaft oder Stärke, sondern einzig in
der Bereitschaft, den Blick zu wenden.

Wer es tut, von dem sagt Jesus: „Selig die Augen, die sehen,
was ihr seht." (Lk 10,23)

Mittwoch

Entschlossen – mit „geeinter Seele"

*Ein Chassid des „Sehers von Lublin" fastete einmal von Sabbat zu
Sabbat. Am Freitagnachmittag überkam ihn ein so grausamer Durst,
dass er meinte sterben zu müssen. Da erblickte er einen Brunnen, ging
hin und wollte trinken. Aber sogleich besann er sich, um einer kleinen
Stunde willen, die er noch zu ertragen hätte, würde er das ganze
Werk dieser Woche vernichten. Er trank nicht und entfernte sich vom
Brunnen. Stolz flog ihn an, dass er die schwere Probe bestanden habe.
Wie er dessen inneward, sprach er zu sich „Besser, ich gehe hin und
trinke, als dass mein Herz dem Hochmut verfällt." Er kehrte um und
trat an den Brunnen. Schon wollte er sich darüber neigen, um Wasser
zu schöpfen, da merkte er, dass der Durst von ihm gewichen war.
Nach Sabbatanbruch betrat er das Haus seines Lehrers. „Flickarbeit!"
rief ihm der an der Schwelle zu.*

*Was der „Flickarbeit" gegenübersteht, ist die Arbeit aus Einem Guss.
Wie aber vollbringt man eine Arbeit aus einem Guss?*

Nicht anders als mit geeinter Seele.

Martin Buber

Auch beim Pflügen geht es um das Handeln „mit geeinter Seele".
Jedes Zurückschauen würde einen Zickzack-Kurs bedeuten.
Dazu sagt der Lehrer des Chassids: „Flickarbeit!"

Nicht um Tadel geht es hier. Der Schüler wird daran erinnert
„dass der Mensch seine Seele zu einen vermag!" Und das heißt,
dass er nicht sich selbst und seinen widerstrebenden Kräften
ausgeliefert ist.

„Geeignet für das Reich Gottes" – „geeint für das Reich Gottes"
bedeutet, sich mit Leib und Seele, mit allen Kräften und von ganzem
Herzen auf den Weg zu machen.

„Alles, was deine Hand zu tun findet, tu mit deiner Kraft"
(Pred 9,10).

Aus der Entschlossenheit,
aus der geeinten Seele
wächst das richtige Handeln.

Welche Ks schränken den Blick nach vorn ein?

Kinder

      Küche

         Kirche

            Karriere

               … ? …

                  … ? …

Rücksichtslos

Ihr Frauen und Männer, habt den Mut,
nicht immer nur auf andere Rücksicht zu nehmen!

Seid rücksichtslos und nehmt Rücksicht auf Euch!

Spürt Eurer Sehnsucht nach!

Lasst Euch nicht gefangen nehmen in Euren Ämtern,
Familienpflichten und Aufgaben.

Es gibt höhere Ziele als Kinder, Küche und Karriere.

Wo zieht es Dich hin?

Wenn Du es weißt: geh los …
ohne Rück-Sicht.

Freitag

Es sind schlimme Zeiten, mein Gott. Heute geschah es zum ersten Mal, dass ich mit brennenden Augen schlaflos im Dunkeln lag und viele Bilder menschlichen Leidens an mir vorbeizogen. Ich verspreche dir etwas, Gott, nur eine Kleinigkeit: ich will meine Sorgen um die Zukunft nicht als beschwerende Gewichte an den jeweiligen Tag hängen, aber dazu braucht man etwas Übung. Jeder Tag ist für sich selbst genug. Ich will dir helfen Gott, dass du mich nicht verlässt, aber ich kann mich von vornherein für nichts verbürgen. Nur dies eine wird mir immer deutlicher: dass du uns nicht helfen kannst, sondern, dass wir dir helfen müssen, und dadurch helfen wir uns letzten Endes selbst. Es ist das einzige, worauf es ankommt: ein Stück von dir in uns selbst zu retten, Gott. Und vielleicht können wir mithelfen, dich in den gequälten Herzen der anderen Menschen auferstehen zu lassen.

Etty Hillesum

Die niederländische jüdische Studentin Etty Hillesum schrieb
von 1941 bis 1943 Tagebuchnotizen, die von einer erstaunlichen
Entwicklung zeugen.

Während Judenverfolgung und Krieg ihr Leben und
das ihrer Freunde immer mehr bedrohten und einengten,
erlebte sie zugleich eine wachsende innere Freiheit.

Sie sah, wie andere

> *„im letzten Augenblick ihre Staubsauger und ihr silbernes Besteck
> in Sicherheit bringen, statt dich zu bewahren, mein Gott"*

und machte es sich zur Aufgabe, Gottes „Wohnsitz" in sich selbst
zu verteidigen.

Wenn ich ihre Aufzeichnungen lese, spüre ich:
Sie „taugt" für das Reich Gottes, für ein Leben,
das durch den Tod nicht ausgelöscht werden kann.

Für dieses Leben einstehen – bis zuletzt.

Etty Hillesum starb am 30. November 1943 in Auschwitz.

Wofür stehe ich ein – bis zuletzt?

Samstag

Noch bist du da

Wirf deine Angst
in die Luft

Bald
ist deine Zeit um
bald
wächst der Himmel
unter dem Gras
fallen deine Träume
ins Nirgends

Noch
duftet die Nelke
singt die Drossel
noch darfst du lieben
Worte verschenken
noch bist du da

Sei was du bist
Gib was du hast

Rose Ausländer

Bald. Das kleine Wort ist die große Bedrohung.
Bald ist deine Zeit um.

Bald ist meine Zeit um.

Wann auch immer.
Vielleicht schon bald.

Im Gedicht gibt es dann noch das zweite kleine Wort: **Noch.**
Noch duftet die Nelke.
Singt die Drossel.
Noch darfst du lieben.

Wenn das Bald mit dem Noch zusammenkommt, geschieht das,
wozu die Dichterin im ersten Vers auffordert:

  „Wirf deine Angst in die Luft!"

Es sind nämlich Rücksicht und Vorsicht, die dem Jetzt seine Kraft
nehmen und stattdessen der Angst Raum geben.

  „Sei was du bist. Gib was du hast."

Jesus, der Christus, hat dies offenbar gelebt.

Wer bin ich?
Was gebe ich?

Kann ich meine Ängste in die Luft werfen?

Laetare Wochenlied

Korn, das in die Erde, in den Tod versinkt

1. Korn, das in die Er - de, in den Tod ver - sinkt,
   Keim, der aus dem A - cker in den Mor - gen dringt.

2. Ü - ber Got - tes Lie - be brach die Welt den Stab,
   wälz - te ih - ren Fel - sen vor der Lie - be Grab.

3. Im Ge - stein ver - lo - ren Got - tes Sa - men - korn,
   un - ser Herz ge - fan - gen in Ge - strüpp und Dorn -

1. Lie - be lebt auf, die längst er - stor - ben schien:
2. Je - sus ist tot. Wie soll - te er noch fliehn?
3. hin ging die Nacht, der drit - te Tag er - schien:

Lie - be wächst wie Wei - zen und ihr Halm ist grün.

Text: Jürgen Henkys, Melodie: „Noel nouvelet"
© Strube Verlag München-Berlin

Der Sonntag Laetare

In der Mitte der Passionszeit setzt der Sonntag Laetare einen Kontrapunkt. Sein Name Laetare (lateinisch für: „Freue dich!") ist abgeleitet von dem in der kirchlichen Tradition für diesen Sonntag vorgesehenen Eingangswort aus dem letzten Kapitel des Jesajabuches. Dort heißt es: „Freuet euch mit Jerusalem und seid fröhlich über die Stadt, alle, die ihr sie lieb habt! Freuet euch mit ihr, alle, die ihr über sie traurig gewesen seid" (Jes 66,10).

Freuet euch? Mitten in der Passionszeit?

Vom Schlusskapitel des Jesajabuches lässt sich dieser Bogen spannen. In eindrücklichen Bildern wird dort erzählt, wie nach Trauer und Tod, nach Bedrückung und Leid die neue Zeit anbricht:

Eine Frau gebiert ohne Schmerzen,
Frieden breitet sich aus wie ein Strom,
Kinder werden auf dem Arm getragen und liebkost.
Trost und Hoffnung sind nah:

„Ich will euch trösten, wie einen seine Mutter tröstet", spricht Gott, der HERR, die EWIGE.

„Ihr werdet's sehen, und euer Herz wird sich freuen, und euer Gebein soll grünen wie Gras." Der neue Himmel und die neue Erde – dieses Bild, das am Ende der Offenbarung des Johannes die Vision der Vollendung des Gottesreiches ohne Leid und Tränen, ohne Trauer und Not beschreibt, ist hier schon verheißen.

Die neue Zeit bricht an, jetzt, mitten in einem dramatischen Geschehen ...

„Kleines Ostern" wurde deshalb der Sonntag Laetare in der Tradition auch genannt. Mitten in der Passionszeit hat dieser Sonntag einen fröhlichen, tröstlichen, hoffnungssinnigen Charakter.

Ungewöhnlich, aber durch den fröhlichen, tröstlichen und hoffnungssinnigen Charakter einleuchtend, ist die liturgische Farbe für den Sonntag Laetare Rosa. Das Osterlicht hellt das dunkle Violett der Passion auf in ein leuchtendes Rosa.

Wie der in Rosa getauchte Himmel am Morgen den neuen Tag ankündigt, verweist das „kleine Ostern" auf den kommenden, herbeigesehnten Ostermorgen, auf die Auferstehung, das neue Leben, den Neuanfang in und nach dem Dunkel.

Der Wochenspruch für die mit dem Sonntag Laetare beginnende Woche aus dem Johannesevangelium nimmt die Spannung zwischen Dunkel und Licht, Trauer und Hoffnung, Sterben und neuem Leben im Bild des Weizenkorns auf ganz eigene Weise auf.

Exegetische Gedanken

„Wenn das Weizenkorn nicht in die Erde fällt und erstirbt,
bleibt es allein; wenn es aber stirbt, bringt es viel Frucht."
Joh 12,24

Eingebettet ist der Vers in das 12. Kapitel des Johannesevangeliums. Zu dessen Beginn wird geschildert, wie Maria, die Schwester des Lazarus und der Marta, Jesus die Füße salbt. Es folgt die Beschreibung des Einzugs in Jerusalem. In beiden Situationen ist von großen Menschenmengen die Rede: von Juden, die aufgrund der Auferweckung des Lazarus an Jesus glauben, von Griechen, die Jesus sehen wollen. Ihnen sagt Jesus, dass die Stunde gekommen ist, „dass der Menschensohn verherrlicht werde" (12,23).

Doch nicht ein irgendwie grandioser Auftritt steht bevor, sondern der Tod, vor dem es Jesus graut (12,27a) und den er doch erwartet und auf sich nimmt. Aber Jesus ist kein Opfer, an dem etwas vollzogen wird. Seine Worte bewegen sich zwischen Hilfeschrei und Einwilligung (12,27b.c).

Es begegnet uns ein Jesus, „der sich entscheidet und sich sein Leben nicht aus der Hand schlagen lässt." (1)

Vers 24 beschreibt einen nachvollziehbaren Vorgang in der Natur, der aber erst durch seinen Kontext und die symbolische Ebene eine tiefere Bedeutung bekommt.

Der folgende Vers 25 („Wer sein Leben lieb hat, der wird's verlieren; und wer sein Leben auf dieser Erde hasst, der wird es erhalten zum ewigen Leben") ist so etwas wie eine Erläuterung. Das „In-die-Erde-fallen und Sterben" steht parallel zum „Leben verlieren" und das „Frucht bringen" wird gedeutet als „zum ewigen Leben bewahren".

Mit diesem allgemein bekannten Bild der täglichen Erfahrung soll der schwer fassbare Tod Jesu erschlossen werden, die Paradoxie des Todes als Beginn neuen Lebens, des Lebens aus dem Tod nachvollziehbar werden. Der Tod, die tiefste Erniedrigung, wird als Erhöhung gedeutet. Darin vollzieht sich eine Umwertung von Werten, die sich als „Gegenzauber gegen die Rituale des Kapitalismus", (2) in denen nur Leistung und Erfolg zählen, die Scheitern und Tod nicht vorsehen, deuten lassen. So legt dieser Vers, obwohl er vom Sterben spricht, eine lebensfreundliche Spur.

80

Das Bild vom Samenkorn, das stirbt und neue Frucht bringt, bietet ein Bild jenseits des Opfergedankens. Auch hier ist nicht die Rede von einem, dem etwas geschieht, der als Opferlamm geschlachtet wird; sondern in einem geheimnisvollen und letztlich nicht erklärbaren Prozess entsteht neues Leben aus dem Tod.

Das „in die Erde fallen" bewegt sich sprachlich jenseits von aktiv und passiv, ist eher ein Einstimmen und Geschehenlassen von Verwandlung – in Hoffnung und Zuversicht auf ein gutes Ende.

Und doch bleibt es auch irgendwie ein Geheimnis. Wie sich das Leben aus dem Tod genau vollzieht, bleibt so unerklärlich wie das Keimen einer neuen Pflanze aus einem Samenkorn.

Sonntag

Weizenkörner – eine meditative Pflanzaktion

Ich suche ein schönes Pflanzgefäß, vielleicht eine Tonschale.
Ich säubere sie,
fülle Erde hinein.
Ich lockere und befeuchte die Erde.

Ich nehme eine kleine Handvoll Weizenkörner.
Ich schaue sie mir genau an.
Drei bis vier Millimeter groß sind die Körner, hart fühlen sie sich an,
ein dünnes Häutchen schützt den Kern.
In ihm steckt die Fruchtbarkeit,
Kraft für eine neue Pflanze,
Kraft für neue Frucht.

Ich könnte die Körner zu Mehl zermahlen und etwas damit backen.
Ich könnte sie kochen und verzehren.
Sie würden für einen Moment Hunger stillen, aber es bliebe nichts von ihnen.

Ich gebe sie aus der Hand.
Ich lege die Körner in die Erde.
Ich bedecke sie mit ein paar Krumen und stelle sie an einen guten Ort.
Licht brauchen sie, Wasser und etwas Wärme.

Es liegt nicht bei mir, was daraus wird, denn „Wachstum und
Gedeihen steht in des Himmels Hand". Nur für gute Bedingungen –
für Licht, Wasser und Wärme – kann ich sorgen.

Noch ist nichts zu sehen von dem, was in der Erde geschieht –
ob der Kern keimt oder verfault.

Ich widerstehe der Versuchung, in der Erde zu wühlen und nachzuschauen.
Es würde alles zerstören.
Drei Tage dauert es.

Ein Korn, das nur knapp unter der Erde lag, hat sich etwas nach oben geschafft.

Es ist dicker geworden, geradezu schwanger.

Einen Tag später sind es noch mehr Körner, die sichtbar werden.
Alle prall, fast zum Bersten.

Eines ist schon aufgebrochen. Es zeigt sich ein winziger Keim.

Nach weiteren zwei Tagen haben fast alle gekeimt.
Gelblich weiß zeigen sich die kleinen Triebe.

Jeden Tag werden sie größer, nehmen immer mehr die Farbe des Lebens an:

„… und ihr Halm ist grün."

Montag

Wenn das Weizenkorn nicht in die Erde fällt …

Was mir zu denken gibt …

Fallen ist ein Wort, das zu denken gibt. Es schillert zwischen aktiv und passiv, als wechsle es die Richtung – je nachdem, mit wem es zu tun hat:

Ich falle
ich lasse mich fallen
ich lasse mir etwas gefallen
mir fällt etwas auf
ich lasse mir etwas einfallen
ich lasse etwas fallen
mir fällt etwas zu

…

ein Zufall?

Bin ich Subjekt oder Objekt des Geschehens?
Bin ich aktiv und initiativ –
oder lasse ich etwas zu,
passiert mir etwas …?

In welchen Momenten ist es das eine
und wann das andere …?

Grammatikalisch ist das Weizenkorn das Subjekt des Satzes:
Es fällt; es wird nicht geworfen und es lässt sich auch nicht fallen.
Dabei wäre Letzteres doch die aktivere Haltung …?

Aktiv und passiv geraten mir durcheinander, vermischen sich.
Gibt es eine Haltung, die beides verbindet?

Das Weizenkorn fällt in die Erde –
es ist und bleibt Subjekt *im* Geschehen.

Es ist Subjekt und Objekt zugleich. –
Ein Widerspruch?

Nein, er ist aufgehoben in dem,
was wir *Hingabe* nennen …

Dienstag

Wenn das Weizenkorn nicht in die Erde fällt und erstirbt ...

Das Weizenkorn stirbt, damit es Frucht bringt ...

Gibt es etwas, für das Sie bereit wären zu sterben?
Wofür brennen Sie?
Was war Ihre Passion als Kind?
Was möchten Sie in Ihrem Leben (noch) erreichen?
Fällt es Ihnen schwer loszulassen?

Welche Gefühle löst „Hingabe" bei Ihnen aus?
Kennen Sie Menschen, die Ihnen Vorbilder für „Hingabe" sind?
Kann man von anderen Menschen Hingabe verlangen?

Lieben Sie leidenschaftlich?
Was ist derzeit die größte Herausforderung in Ihrem Leben?
Wovon würden Sie sich gern in Ihrem Leben verabschieden?
Was hindert Sie?
Was tun Sie für sich?
Worauf sind Sie neugierig?

Hinter sich lassen

Hinter sich lassen,
was man zu gut kennt,
was keine Herausforderung mehr darstellt.
Neugierig bleiben
auf die anderen Erfahrungen –
letzten Endes auf sich selbst
in den neuen Umständen.
Die Bewegung mehr lieben
als das Ziel …

Christa Wolf

Mittwoch

Wenn das Weizenkorn nicht in die Erde fällt, bleibt es allein.

Ich kenne das – allein sein,
allein geblieben sein,
mich nutzlos fühlen,
ohne befruchtende Beziehung zu anderen,
ohne nährende Verbindung in die Tiefe,
verschlossen, auf mich geworfen,
auf dem Trockenen gelandet,
unfruchtbar,
ohne Lebensmöglichkeiten.
„Ich elender Mensch, wer wird mich erlösen?", fragt Martin Luther.

Meine Gedanken kreisen nur um mich,
erschlagen, erdrücken mich.
Gefangen in mir, „incurvata in me", sagt Luther.
Verlassen, verloren fühle ich mich,
Zweifel, Skrupel, Ohnmacht, Enttäuschung nagen an mir.
Dunkelheit in mir, Dunkelheit um mich.
Gibt es denn kein Entkommen?

Ich hebe meine Augen auf zu den Bergen. Woher kommt mir Hilfe?

(Psalm 121)

Augenschein

Zur Nacht hat ein Sturm alle Bäume entlaubt,
sieh sie an – die knöchernen Besen.
Ein Narr, wer bei diesem Anblick glaubt,
es wäre je Sommer gewesen.
Und ein größerer Narr, wer träumt und sinnt,
es könnte je wieder Sommer werden.
Doch grad diese gläubige Narrheit, Kind,
ist die sicherste Wahrheit auf Erden.

Ernst Ginsberg

Das Augenscheinliche gibt wenig Grund zur Hoffnung.
Nichts scheint auf von neuem Leben.
Nur Abgestorbenes, Dürres, Totes ist zu sehen.
Und doch wird es kommen,
das Neue,
das Leben.
Nicht zu sehen,
nur zu erhoffen,
zu glauben gegen den Augenschein:
Leben aus dem Tod
Transformation,
Verwandlung
Verwunderung
Wunder
wahr

Freitag

Ich schaue nach meinen Samenkörnern.
Nach einer knappen Woche sind sie schon fast einen Zentimeter hoch.

Ich sehe sie weiter wachsen,
zu großen Halmen.
Ich bin sicher,
sie werden Frucht tragen,
vielfältig.

„Liebe wächst wie Weizen, und ihr Halm ist grün."

Ich wurde Zeugin eines Wunders …

… Vertrauen wagen

Das wirkliche Vertrauen gründet sich nicht darauf,
dass einer vor Erschütterungen bewahrt wurde;
es wächst herauf, wo die Erfahrung zuteil wird,
mitten in aller Bedrohung aushalten zu können.

Antje Sabine Naegeli

Samstag

Nicht müde werden …

Nicht müde werden
sondern dem Wunder
leise
wie einem Vogel
die Hand hinhalten.

Hilde Domin

Glauben Sie an Wunder?
Haben Sie als Kind an Wunder geglaubt?
Was fällt Ihnen leichter: Vertrauen wagen oder an Wunder glauben?
Warum?

Wann haben Sie Ihr letztes Wunder erlebt?
Mit wem würden Sie gern über Wunder sprechen:
mit einem Naturwissenschaftler, einer Journalistin, einem Arzt,
einer Pfarrerin?
Braucht die Welt Wunder?

Wem vertrauen Sie am meisten?
Wessen Hand hat Ihnen in der Kindheit Vertrauen eingeflößt?
Denken Sie, man spürt, ob man sich auf jemanden verlassen kann?
Braucht Ihr Vertrauen in andere auch Kontrolle?

Halten Sie sich eher für einen wagemutigen oder
einen ängstlichen Menschen?
Worauf gründet Ihr Vertrauen?
Würden Sie einem Vogel die Hand hinhalten?

Judica Wochenlied

Seid einander Segen

1. Seid ei - nan - der Se - gen, schwimmt dem Strom ent -
   Seg - net, die noch träu - men von den Zwi - schen -

2. Seid ei - nan - der Le - ben, lasst euch Hoff - nung
   Teilt aus vol - len Hän - den, Un - recht wird sich

3. Seid ei - nan - der Sin - gen, bringt die Welt zum
   Singt von Got - tes Gü - te, dass sie euch be -

1. ge - gen, nehmt nichts ein - fach hin.
   räu - men. Gebt der Zu - kunft Sinn.

2. ge - ben, teilt sie mit der Welt.
   wen - den, wo euch Gott er - hält.

3. Klin - gen, seid ei - nan - der gut.
   hü - te. Macht auch an - dern Mut.

Gebt dem Le - ben Got - tes Wort. Gebt euch hin mit al - len

Sin - nen. So kann Gott be - gin - nen.

Text: Sybille Fritsch, Musik: nach EG 396 „Jesu meine Freude"

96

Der Sonntag Judica

Wer am Sonntag Judica auf dem Feld arbeitet,
bei dem wird im kommenden Jahr der Blitz einschlagen ...

Am Sonntag Judica werden drei neugeborene Kinder weltweit sterben ...

Wer an diesem Sonntag nicht in die Kirche geht,
wird mit Krankheit geschlagen werden ...

Paul Sartori

Schauerlicher Aberglauben macht sich am Sonntag Judica fest, der in der Geschichte auch schon „schwarzer Sonntag" oder „verschwiegener Sonntag" hieß. Ursprünglich schwieg von diesem Tag an auch das Gloria Patri nach dem Eingangspsalm, denn hier beginnt nach der älteren kirchlichen Ordnung die eigentliche Passionszeit. Ab jetzt wurden in den katholischen Kirchen Altarkreuze und -bilder verhängt, um mit dem „Augenfasten" ein besonderes Zeichen der Buße zu setzen.

Der heutige Name Judica kommt aus dem Wochenpsalm 43, wo es heißt: „Schaffe mir Recht, o Gott".

Mit der Passionszeit und im engeren Sinne mit dem Sonntag Judica beginnt die Zeit der Krisis, der Entscheidung! Auf den ersten Blick verwunderlich, aber in einigen kirchlichen Traditionen wurde und wird an diesem Tag Konfirmation gefeiert – geht es doch darum, sich für den zu entscheiden, der sich für uns entschieden hat.

Der Wochenspruch definiert „Recht" im Gegensatz zum Psalm christologisch: Jesus Christus selbst wird zum Zeichen der Gerechtigkeit, indem er Menschen aus Unrechtszuständen herauslöst. Dabei kommt das *ganze* Leben Jesu in den Blick: Er wendet sich Ausgegrenzten und Bedürftigen zu und befreit sie aus unterdrückerischen und klein machenden Strukturen.

Damit ändert sich etwas Entscheidendes für die Menschen, zu denen Jesus Christus gekommen ist.

Sie sind frei!

Die Woche, die mit dem Tag Judica beginnt, soll helfen, Entscheidungen zu treffen:

Wie kann ich mein Leben ausrichten,
wenn ich die Befreiung durch Jesus ernst nehme?

Jesus kommt eben nicht nur für „die vielen", die anderen, sondern ganz konkret für mich!

Was bedeutet das?
Wofür entscheide ich mich?

Die Tagesimpulse nehmen jeweils einen Gedanken der Frage

„Gekommen – wofür?"

auf und beziehen sie auf Jesus und auf unsere Lebenszusammenhänge.

Exegetische Gedanken

„Der Mensch ist nicht gekommen, um sich bedienen zu lassen,
sondern um zu dienen und sein Leben als Lösegeld für die vielen zu geben."
Mt 20,28

Mt 20,28 ist eine Bibelstelle, die klassischerweise im Sinne des Sühnopfertodes Jesu gelesen wird. Die Schlüsselwörter „für die vielen" und „Leben geben" legen ein theologisch-dogmatisches Verständnis von „für mich gestorben" und damit den sogenannten stellvertretenden Tod Jesu nahe. Betrachtet man die Begriffe vor dem Hintergrund des damaligen sozialen und politischen Kontextes, ergibt sich ein differenzierteres Bild:

hyios tou anthropou – der Menschensohn. Im Aramäischen kann dies – im Gegensatz zu Gott – auch „ein Mensch" heißen (1). Hier spricht Jesus selbst von sich als einem Menschen, der leiden muss und sein Leben riskiert für andere. Herauszuhören ist die Erfahrung vieler Anhänger_innen Jesu, die ihr Leben riskiert haben – und Jesus hat es auch getan.

diakonein – dienen: Der damalige Kontext verbindet mit *diakonein* das Thema Sklaverei. Dienen ist die Aufgabe von Sklav_innen, die Haus- und Versorgungsarbeit leisten müssen. Die Selbstbeschreibung Jesu als Dienender ist eine Provokation für hierarchische Strukturen. Durch die Verse Mt 20,25–27 und durch den Gegensatz von „sich bedienen lassen" und „dienen" wird die herrschaftskritische Aussage des Verses deutlich.

dounai tän psychän – das Leben geben: „Die Wendung ‚sein Leben hingeben' besagt nicht notwendig, dass der, der sein Leben hingibt, es notwendigerweise auch verliert, sondern nur, dass er es voll einsetzt" (2). Die „Hingabe" bezieht sich auf das ganze Leben Jesu: Immer wieder haben Menschen im Kontakt mit Jesus eine „Lösung" aus der Ausgrenzung und des Gefangensein in unheilvollen Lebenssituationen erfahren.

lytron – Lösegeld. Dieses Wort weist auf das Exodusgeschehen: Das Volk Israel wird „gelöst" (*lytrousthai*) aus Gefangenschaft und Sklaverei. Die Freilassungsregelungen für Sklav_innen zur Zeit Jesu werden angesprochen: Ein/e Sklav_in bezahlt „Lösegeld", um sich freizukaufen (3). Spannend ist daran, dass es ein aktives Geschehen ist, bei dem der/die Sklav_in selbst für eine veränderte Lebenssituation sorgt.

In Mt 20,28 geht es um einen Herrschaftswechsel, der sich in der Nachfolge Jesu vollzieht: Nicht mehr den Herrschenden des Römischen Reiches, nicht mehr den Sklavenhalter_innen gehört das Leben, sondern Gott allein. Dies ist kein einmaliger Akt, sondern muss sich als Befreiungsgeschehen immer wieder vollziehen.

anti pollon – für viele. Die Präposition *anti* wurde häufig als „stellvertretend für" übersetzt. Besser wäre „zugunsten von", weil dadurch die Beziehungsebene angesprochen wird: Jesus setzt sich ein für die Menschen, mit denen er gelebt hat, und sein Leben hat Auswirkungen auf viele, denen von seinem Leben, seinem Tod und seiner Auferstehung erzählt wurde und wird.

All diese auf den ersten Blick dogmatisch hoch aufgeladenen Begriffe finden sich in diesem einen Vers 28.

Den zweiten Blick werfen wir aus einer anderen Perspektive und entdecken vom Standpunkt der sozialen und politischen Situation der Menschen damals:

Hier geht es um das Leben!

Ein Leben, das seine Menschlichkeit daraus gewinnt, einander zu dienen im Sinne von füreinander Verantwortung übernehmen und füreinander einstehen.

Gekommen!

„Gekommen, um zu bleiben", so ein Hit der Gruppe
„Wir sind Helden". Sie wollen würdig und nicht ohne Kampf
die Bühne verlassen: „Wir sind gekommen, um zu bleiben wie
ein perfekter Fleck, der geht nicht mehr weg."

Jesus – gekommen um zu bleiben?

Noch zwei Wochen im Ritual des Kirchenjahrs, noch eine Woche
bis zur dramatischen Karwoche. Im Wissen, um sein begrenztes und
gewaltsam beendetes Bleiben.

Jedes Jahr wieder stolpere ich darüber.

Ja, er hätte bleiben sollen, finde ich.
Bleiben, um Gerechtigkeit zu schaffen!

Stattdessen:

   Gekommen, um zu gehen?
   Gekommen, um gekreuzigt und getötet zu werden?
   Gekommen, um zu sterben? Für uns?

Wann und wo bleibe ich?
Für wen?
Wann gehe ich?
Warum?

Nicht gekommen, um sich bedienen zu lassen

Feist und machtvoll.
Ein Fingerschnipsen und schon kommt alles.
Nichts selbst tun, andere machen lassen.
Sich nicht die Finger schmutzig machen,
andere die Drecksarbeit erledigen lassen.
Wer die Macht hat und die Mittel …

Jesus enttäuscht alle Erwartungen:
Er ist nicht gekommen, um sich bedienen zu lassen.

Er ist nicht den Versuchungen der Macht erlegen,
wendet sich ab vom Herrschergebaren
und löst das Gefälle auf.

Heute jemanden bedienen.
Selbst-bewusst.
Mit Lust.

Oder:

Heute sich einmal bedienen lassen.
Ohne schlechtes Gewissen.
Mit Genuss.

Wir sind gekommen, um getanzt zu werden
Nicht den hübschen Tanz
Nicht den hübschen hübschen sieh mich nimm mich Tanz
Sondern den wring die Trauer aus unserer Haut Tanz
Den schubs die Laus von unserer Leber Tanz
Den schlag aus unseren Schultern
die Entschuldigung dass ich da bin Tanz

Wir sind gekommen um getanzt zu werden
Nicht den wir halten den Atem an und suhlen uns auf
der sicheren Seite des Raums Tanz
Sondern den hier kommt die Dreifaltigkeit Körper, Atem & Beat Tanz

Jewel Mathieson

Dienstag

Gekommen, um zu dienen

Dienen – *diakonein*

Das griechische Wort hat viele Facetten:

Dienen – ist Sklavendienst
Dienen – ist Dienst an der Gemeinschaft
Dienen – ist Verantwortung übernehmen
Dienen – ist Herrschaft kritisieren, nicht stabilisieren

Dienen ist weltgestaltende und welterhaltende Tätigkeit.
Dabei nicht mehr zu unterscheiden zwischen Leiten und Sorgen,
zwischen vermeintlich wichtig und nachgeordnet: Ohne fürsorgliche
Tätigkeiten, die immer noch meist von Frauen übernommen
werden, gäbe es diese Welt nicht, würde keine Gemeinschaft
funktionieren. „Gekommen um zu dienen" heißt: Die Hierarchie
dieser Tätigkeiten wird aufgehoben, Bewertungen außer Kraft
gesetzt.

Jesus steigt aus!

Das bedeutet für mich:

> Nicht Selbstaufgabe als Haltung,
> sondern selbst die Aufgabe wählen.
> Aufgaben, die mich nähren.
> Und die mich zur Weltgestalterin werden lassen
> in einer Welt des miteinander verbundenen und
> aufeinander angewiesenen Lebens.

der erde
salz werden
für ein menschenmeer
auf dass es trage
alle die leben
in ihm

Christoph Leisten

Gekommen – als Lösegeld

Sie blieb 20 Jahre.

10 Jahre zu lang.

Zu groß die Angst vor materiellem Abstieg, Armut gar.
Sie blieb, band sich an die Beziehung,
die längst nicht mehr lebendig war,
sie einengte.

Endlich –

sie löste sich.

Was war der Aus-löser?

Eigenes Geld verdienen …
Sich zutrauen, auf eigenen Füßen zu stehen …
Sich frei machen von lang gewohnten Zwängen …

Gott befreit sein Volk.
  Es bricht aus der Zwangsarbeit aus.

Jesus er-löst Menschen aus eingespielten Zwängen.
  Er zeigt Wege zu neuem, freierem Leben.

Wie gelöst kann ich sein?
Was ist erlösend für mich?
Wie kann ich in den Frei-raum Christi eintreten?

Gekommen, um sein Leben zu geben

Lebensgrammatik

Ich gebe mir
Du gibst dir
Sie gibt sich
Wir geben uns
Ihr gebt euch
Sie geben sich

Vergeben wir uns was?

Er gab sich – für die vielen.
Also:
Ich gebe mich
Du gibst dich
…

Leben als Ver-Gebung
Leben als Gabe

Welche Fülle!

Die Fülle, die ich wahrnehme –
so viele geben etwas dazu.
Aus der Fülle will ich leben.
Gaben, die die Welt gestalten,
mein Beitrag ist …

Freitag

Gekommen – für die vielen

Es sind so viele, die darauf angewiesen sind, dass

> sie Menschen finden, die ihnen das Nötigste zum Leben geben
> sie jemand liebevoll pflegt
> jemand den Mund für sie aufmacht
> sie als Fremde Aufnahme finden
> ihnen jemand Glauben schenkt

Es sind so viele, zu denen Jesus gekommen ist,

> die vielen, die leiden
> die vielen, die sich als Täter_innen vom Leben abschneiden

Jesus ist gekommen als

> Vorbild und Hoffnungszeichen
> jemand, der Herrschaft kritisiert und
> gegen ein falsch verstandenes Dienen angeht

Wo wäre es wichtig, dass wir den vielen eine Möglichkeit geben anzukommen?

> in unserer Kirche
> unserem Herzen
> mitten unter uns

Die Sorge um mein tägliches Brot
ist eine materielle Frage.
Die Sorge um das Brot meiner Schwester
ist eine geistliche Frage.

nach Nikolai Berdjajew

Gekommen – für mich?

Bin ich gemeint?

Ich – die ich mich bedienen lasse,
weil manche Strukturen eben so sind und ich das Glück habe, oben
zu sein.

Bin ich gemeint?

Ich – die ich selbst diene und mich klein mache, weil ich
fraglos Anforderungen anderer erfülle; nicht weil sie sinnvoll wären,
sondern weil ich eine Stufe darunter stehe.

Bin ich gemeint?

Ich – die ich immer wieder stolpere über meine eigenen Ansprüche
und Bedürfnisse.

Ist dieser Jesus auch zu mir gekommen?

Bin ich gemeint?

Wenn Menschen in meinem Leben sich mir zuwenden –

Bin ich gemeint?

Wenn ja, dann zählt meine Meinung.

Dann kann ich annehmen, was Menschen mir geben.
Dann kann ich aus vollem Herzen geben, was andere brauchen.
Dann bin ich befreit von dem Druck, mehr sein zu wollen, als ich bin.

Jesus,
ein Mensch,
ist für mich gekommen

   Ich bin gemeint!

Aus Tiefen rufe ich zu dir

1. Aus Tie - fen ru - fe ich zu dir,
2. Be - wahrst du al - le Schuld, oh Gott,
3. In tie - fer Nacht er - sehn ich dich
4. Das wis - sen wir von Is - ra - el,

1. ach, hör mir zu, Le - ben - di - ge!
2. wer könn - te dann vor dir be - stehn?
3. wie Wa - chen - de den Mor - gen.
4. von dei - nem Volk al - lei - ne.

1. Wa - rum bist du so fern von mir?
2. Wie quä - len uns - re Feh - ler uns,
3. Zu dir streck ich mich aus, mein Gott -
4. Du gehst mit ih - nen auch den Weg

1. Dich su - che ich, Le - ben - di - ge!
2. Un - recht ver - schlingt das Le - ben.
3. ja, du bleibst nicht ver - bor - gen!
4. aus Angst und Schuld und Lei - den.

1. Neig doch zu mir dein lau - schend Ohr,
2. Doch bei dir fin - den wir die Macht,
3. Sanft schaust du die Ver - letz - ten an,
4. Mit ih - nen be - ten wir zu dir,

1. zu mei - ner Stim - me, mei - nem Flehn,
2. Ver - ge - bung, Kraft, die Neu - es schafft
3. siehst ih - ren Schmerz, du löst den Bann
4. mit leich - tem Her - zen sin - gen wir,

1. nur dann muss ich nicht un - ter - gehn.
2. und Un - recht ü - ber - win - dot.
3. und führst sie raus ins Wei - te.
4. weil du aus Tie - fen uns be - freist.

Text: Michaela Geiger; Musik: nach EG 299 „Aus tiefer Not schrei ich von dir"

Die Karwoche

Leidenschaft für das Leben – eine andere Perspektive auf die Passionszeit:
In dieser Woche blicken wir auf das Kreuz, das Paradox des Kreuzes. Schon das Johannesevangelium vollzieht einen Perspektivwechsel in Hinblick auf das Kreuz und fordert uns auf: Blickt anders auf den Gefolterten, seht hin, werdet ewigkeitssichtig. Seht die Wirklichkeit Gottes hinter der Welt des Todes.

Das ungefähr hundert Jahre nach Jesu Wirken geschriebene Johannesevangelium lehrt: Die Römer töten den Lebendigen. Die lebendige Christusgemeinschaft weiß, dass Gott in dem Gefolterten lebt und stirbt und lebendig bleibt: So ist mein Leib – Gott in den Gefolterten. Weil wir dies glauben, können wir hinsehen. Im Bild einer Gekreuzigten blicken wir auf den Kreuzestod. Wir blicken auch auf die vielfachen Marterungen unserer Zeit. Wir halten inne, wollen ewigkeitssichtig werden. Aus Tiefen rufen wir zur Lebendigen. Und Gott hört.

In der Karwoche gehen wir den Passionsweg der Evangelien mit. Den Weg einer Gemeinschaft, die Heil erlebt hat, den Weg der Gemeinschaft der von Ewigkeit her auf Ewigkeit hin schon verwirklichten guten Welt Gottes, konfrontiert mit den brutalen Welten der Imperien. Wir halten inne, wollen ewigkeitssichtig werden. Aus Tiefen rufen wir zur Lebendigen, Kraft, die Unrecht überwindet, ins Leben befreit – zu ihr strecken wir uns.

In der Karwoche blicken wir mit anderen Augen auf die Mahlgemeinschaft: Im Bekenntnis zu dem gekreuzigten Lebendigen entsteht die Gemeinde. So ist mein Leib – Gott in der Gemeinschaft. Wir halten inne, wollen ewigkeitssichtig werden. Aus Tiefen rufen wir zur Lebendigen, Kraft, die Neues schafft.

In der Karwoche wollen wir einüben, hinzusehen auf Leid und Trauer. Wir nehmen uns Raum und Zeit, den Weg in den Tod, den Weg ins Verlassensein, den Weg in das Schweigen der Trauernden mitzugehen. Die Trauer – aufgehoben in Gottes Ewigkeit. Wir halten inne, wollen ewigkeitssichtig werden. Aus Tiefen rufen wir zur Lebendigen, sie geht mit uns den Weg aus Angst und Schuld und Leiden.

Wir halten inne, wollen ewigkeitssichtig werden.
Ewigkeitssichtig blicken wir auf unser Leben.

Ewigkeitssichtig in der Welt des Todes fragen wir uns:

Was ist emporgehoben?
Was will ich hochhalten?
Was hat Bestand?

Exegetische Gedanken

„Der erwählte Mensch muss emporgehoben werden,
damit alle, die glauben, in ihm ewiges Leben haben."
Joh 3,14–15

Das Lebenszeichen in der Welt des Todes sehen

Der Kontext: Jesus ist auf dem Weg zum Paschafest nach Jerusalem. In der Nacht spricht ihn der Pharisäer Nikodemus an. Als den Rabbi, „der von Gott gekommen" ist, fragt er ihn nach dem ewigen Leben (1): Wie kann ich erlöst werden aus dem alten Leben, das unter der gottfeindlichen Macht der Welt steht, und in das unzerstörbare, neue Leben hineingeboren werden? Seine Frage bezieht sich auf das HIER und JETZT. Nikodemus spürt: JETZT ist die Zeit Gottes. In der Nachfolgegemeinschaft um Jesus wird für ihn das neue Leben – das „von Gott gekommene Leben" – sichtbar. Jesus, der Mensch, der wahre Menschlichkeit offenbart. In diesem Sinn ist er der erwartete Messias. Diejenigen, die glauben, was der Messias Jesus von den irdischen und himmlischen Dingen sagt, und das neue Leben sehen, werden neu geboren in das wirkliche Leben, sie haben das ewige Leben (2).

„Und wie Moses erhöht die Schlange in der Wüste, so muss erhöht werden der Mensch, damit alle, die glauben, in ihm ewiges Leben haben."

Der Text bezieht sich auf Numeri 21,4–9 und erinnert an die Wüstenwanderung Israels aus der „ägyptischen Sklaverei" in die Freiheit. In Not und Gefahr kündigt Israel Gott das Vertrauen auf. Von giftigen Schlangen gebissen, sterben viele. Gott beauftragt Mose, eine Schlange aus Kupfer an einer Stange aufzuhängen und diese aufzustellen. Alle, die gebissen werden und auf die Schlange schauen, werden dadurch geheilt. Der Anblick der erhöhten Kupferschlange ist lebensrettend. Sie wird zum Lebensrettungszeichen.(3)

Ich habe beim Lesen zunächst die Kupferschlange und das Kreuz gleichgesetzt, bis ich merkte, vom Kreuz ist gar nicht die Rede. Das Lebensrettungzeichen, das aufgestellt und erhöht werden muss, ist das Leben des Jesus aus Nazareth, sein Leben, sein Sterben und seine Auferstehung. Sein Weg der Liebe und der Gerechtigkeit durch die Wüste der Gottesferne dieser Welt in die Freiheit des unzerstörbaren Lebens muss erhöht aufgestellt werden, damit alle sein Leben als lebensrettendes Zeichen sehen können. Die Menschlichkeit muss hochgehoben werden, damit die, die auf die Menschlichkeit in seinem Leben sehen, gerettet werden, weil sie wahrhaftiges Menschsein sehen.

Gott handelt jeweils durch einen Menschen. „Sohn des Menschen/Menschensohn" (griechisch: *hyios tou anthropou*) meint in der Tradition der Hebräischen Bibel (Ps 8; Ezechiel) die poetische Gattungsbezeichnung für „Mensch". Es entspricht dem aramäischen *bar enosch* – ein Mensch wie ich und du oder jemand – und ist mit Mensch zu übersetzen. Es wird aber auch als Synonym für den einen Menschen, der für alle anderen Menschen steht, verwendet. Das Danielbuch schreibt später vom kommenden Menschen, der die Menschlichkeit aufrichtet und durch den Gott handelt und das wirkliche Leben aufrichtet. Im Messias Jesus inmitten der Gemeinschaft mit seinen Geschwistern verkörpert sich die Leben schaffende göttliche Wirklichkeit. Sie ist Realität inmitten des Todes. Die Allmacht des römischen Weltreichs wird durch ihn außer Kraft gesetzt. Das unzerstörbare Leben wird sichtbar. Menschen, die dieses Leben sehen, ewigkeitssichtig sind, setzen sich handelnd für dieses neue Leben ein. Das heißt glauben. In Jesus aus Nazareth, in der Gemeinschaft mit seinen Geschwistern, ist Gottes Liebe in der Welt erfahrbar und egal, was passiert, Gott bleibt in ihm, damit alle, die seinen Weg der Liebe schauen (ihn als Zeichen erhöht sehen), an Gott glauben und unzerstörbares Leben schon Hier und Heute haben.

*„Der erwählte **Mensch** muss emporgehoben werden,*
damit alle, die glauben, in ihm ewiges Leben haben.“

Joh 3,14–15

In Gedanken gehe ich mit zum Passa,
zum Fest der Befreiung durch die Wüste,
hinter Jericho hinauf nach Jerusalem.
Die Gottesstadt wartet auf das große Fest,
das Fest der Befreiung.
Die Sehnsucht ist mit Händen zu greifen.

Sie sehnen sich nach Befreiung
aus der römischen Unterdrückungsherrschaft,
wie damals aus Ägypten.
   Ich sehne mich nach Befreiung
   aus den Strukturen des Todes.
Sie sehnen sich nach der Gottesherrschaft
über Israel.
   Ich sehne mich nach wahrhaftigem
   unzerstörbarem Leben.

Ein königlicher Empfang wird ihm bereitet,
dem Rabbi der Armen.
Ihre Sehnsucht schreien sie ihm entgegen.

Er setzt nicht auf das Hosianna der Massen,
    nicht auf Macht,
    nicht auf Gewalt.

Er setzt auf Gottes Willen für diese Welt,
    auf den Jubel der Armen,
    auf die Geschwisterlichkeit der kleinen Leute,
    auf Sanftmut und Liebe.

Er setzt auf Menschlichkeit,
    auf das neue Leben inmitten des Todes.

Ich sehne mich nach diesem neuen Leben,
    nach Gottes gerechter Welt,
    längst Wirklichkeit geworden unter ihnen!

Meditationsimpuls

Ewigkeitssichtig in der Welt des Todes fragen wir uns:

Was ist emporgehoben?
Was will ich hochhalten?
Was hat Bestand?
Welche Sehnsucht werfe ich zu den Palmenzweigen auf die Straße,
den Menschen Gottes den Weg zu bereiten?

Montag

„Der erwählte Mensch **muss emporgehoben** *werden,
damit alle, die glauben, in ihm ewiges Leben haben.“*

Joh 3,14–15

Hinstellen und aufrichten:

Sie leben die Aufstehkraft Gottes,
sie haben ein Auferstehungsnetz geknüpft.

Er stellt hin,
sie stellen hin,
ein Leben, das sich aus dem Vertrauen in Gott nährt.
Ihr Standhalten bleibt in der Liebe,
setzt der Macht des Todes eine Grenze.

Sie heben empor
die Liebe, die stärker ist als der Tod,
in *der* Liebe, die im Strömen der Liebe Gottes ist.
Diese Liebe höhlt den Tod von innen aus.

Darauf hin liebt mich der Gott,
väterlich, mütterlich, für uns,
dazu ermächtigt er mich in seiner Liebe,
mein Leben einzusetzen,
mein Leben hinzustellen
und es wieder zu nehmen und zu empfangen.
Niemand entreißt mir mein Leben,
sondern ich habe die Macht, es hinzustellen
und ich habe die Macht, es wieder zu nehmen.
Diesen Auftrag habe ich von Gott,
meinem Ursprung, empfangen.

(Johannes 10,17–18)

Meditationsimpuls

Ewigkeitssichtig in der Welt des Todes:

Was ist emporgehoben?
Was will ich hochhalten?
Was hat Bestand?
Was stelle ich hin?
Wo setze ich Grenzen?

Dienstag

„Der erwählte Mensch muss emporgehoben werden,
damit alle, *die glauben, in ihm ewiges Leben haben."*

Joh 3,14–15

Das Kreuz – Zeichen für grausame Folter, noch im Sterben.
Eine Todesstrafe, zu der kein Römer verurteilt wird,
nur die Verachteten aus den besetzten Gebieten.
Todesgefahr begleitet den Weg.
Foltertod als Konsequenz der Machtstrukturen im Imperium
Romanum.

Der Impuls des neuen Lebens inmitten des Todes.
Gottes Liebe lebt in der Gemeinschaft auf.
Sie gehen den Weg der Gerechtigkeit.
Sie setzen auf Gottes Willen für diese Welt.
Leben nicht aus eigener Kraft,
sondern aus der Gotteskraft.

Unzerstörbares Leben.
Gott in ihnen.
Aufsteherfahrung.
Auferstehungserfahrung.

Ich – Eine,
die aufsteht
in unzerstörbares Leben
hier und heute
auf unverwechselbare Weise etwas einbringt
mit unverwechselbarem Lebensimpuls.

Die dem, wozu sie geschaffen ist,
treu bleibt – auch in den Strukturen des Todes.

Meditationsimpuls

Ewigkeitssichtig in der Welt des Todes:

>Was ist emporgehoben?
>Was will ich hochhalten?
>Was hat Bestand?
>*Was ist mein Lebensimpuls?*
>*Was bringe ich ein?*

Mittwoch

„Der erwählte Mensch muss emporgehoben werden,
*damit alle, die glauben, in ihm **ewiges** Leben haben."*

Joh 3,14–15

Die Gekreuzigte.
Ich sehe sie tausendfach.
In der ausgebeuteten Textilarbeiterin,
ihr Körper geschunden von Giften.
In der Vergewaltigten.
Im Mädchen ohne Bildungschancen.
In der nach Erlösung seufzenden Kreatur ...
Ich höre die Schreie zu dir, Ewige.
Gott ist in ihnen allen gekreuzigt.

Die Toten schweigen nicht,
ich höre ihre Stimmen,
die Stimmen der Opfer,

Gottes Stimme.

Das Schweigen der Toten wird laut.
Der Ruf nach dem Leben.

Weil die Toten schweigen, beginnt alles wieder von vorn.

Gabriel Marcel

Golgatha

Wann
wenn nicht
um die neunte Stunde
als er schrie
sind wir ihm
wie aus dem Gesicht geschnitten

Nur seinen Schrei
nehmen wir ihm noch ab
und verstärken ihn
in aller Munde

Eva Zeller

Meditationsimpuls

Ewigkeitssichtig in der Welt des Todes:

Was ist emporgehoben?
Was will ich hochhalten?
Was hat Bestand?
Lass mich die Stimme der Toten hören.

Gründonnerstag

„Der erwählte Mensch muss emporgehoben werden,
*damit alle, die glauben, in ihm ewiges **Leben** haben.“*

Joh 3,14–15

Gott, wie Vater und Mutter um sie,
lässt sie das Leben schmecken:
Das neue Leben schmecken inmitten von Tod.
Das Leben schmecken inmitten von Hunger und Armut.
Das Wenige in der Gemeinschaft in Überfluss verwandelt sehen.
Den Blick für die Schwester nicht von der Not verstellen lassen.
Gottes Kraft durchströmt die Gemeinschaft:
So ist mein Leib.

In der Nacht,
in der er ausgeliefert wurde,
nahm der, dem wir angehören,
Jesus,
das Brot.
Er sprach den Segen,
brach das Brot und sagte:
SO ist mein Leib für euch;
das tut zur Erinnerung an mich.

(1 Kor 11, 23–24)

Meditationsimpuls

Ewigkeitssichtig in der Welt des Todes:

Was ist emporgehoben?
Was will ich hochhalten?
Was hat Bestand?
Wie schmeckt das Leben?

Karfreitag

„Der erwählte Mensch muss emporgehoben werden,
*damit alle, die **glauben**, in ihm ewiges Leben haben.“*

Joh 3,14–15

Verzweiflung,
Todesangst,
in einem einzigen Schrei:
Warum?
Und: Wo bist DU?
„Warum hast DU mich verlassen?“ (Mt 27,46 par/Ps 22,2)

Und doch:
Nicht ins Leere schreien,
an DIR festhalten,
beim DU bleiben.

Im Schrei
den Lebenspunkt in den Wogen der Angst finden.
Dort sein, wo ich geborgen bin,
in DIR.
Dort sein, wo ich spüre, von DIR bin ich geliebt,
zu allererst und vor allem anderen.
Ich in DIR und DU in mir.
Allein DU,
Lebendige.

Gottesfinsternis

Da brach jeder Halt weg
und schien auch kein Sinn mehr
da schloss sich die Angst
wie ein Schmerz um die Seele
da war auch kein Trost mehr
die anderen lachten
und Du ganz alleine im Dunkeln

Da hab ich Dich schreien gehört
Bruder
da hab ich Dich weinen gehört
Schwester
da hab ich Dir glauben gelernt
Gott Schwester Bruder
dass Du auch mein Weinen und Schreien hörst

Carola Moosbach

Meditationsimpuls

Ewigkeitssichtig in der Welt des Todes:

Was ist emporgehoben?
Was will ich hochhalten?
Was hat Bestand?
Wo bist DU?

Karsamstag

„Der erwählte Mensch muss emporgehoben werden,
*damit alle, die glauben, **in ihm** ewiges Leben haben."*

Joh 3,14–15

Im Schweigen sein,
stumm,
in der großen Einsamkeit bleiben.

Und doch nicht zu trennen sein von DIR.

In der Flucht

Welch großer Empfang
unterwegs –

Eingehüllt
in der Winde Tuch
Füße im Gebet des Sandes
der niemals Amen sagen kann
denn er muss
von der Flosse in den Flügel
und weiter –

Der kranke Schmetterling
weiß bald wieder vom Meer –
Dieser Stein
mit der Inschrift der Fliege
hat sich mir in die Hand gegeben –

An Stelle von Heimat
halte ich die Verwandlung der Welt –

Nelly Sachs

Meditationsimpuls

Ewigkeitssichtig in der Welt des Todes:

Was ist emporgehoben?
  Was will ich hochhalten?
  Was hat Bestand?
  Wann hat heute das Schweigen Raum?

Osterwoche Wochenlied

Wir stehen im Morgen

1.Wir ste-hen im Mor-gen. Aus Gott ein Schein durch-
2.Ein Tanz, der um Er-de und Son-ne kreist, der
3.An O-stern, o Tod, war das Welt-ge-richt. Wir
4.Wir fol-gen dem Chris-tus, der mit uns zieht, stehn
5.Am En-de durch-ziehn wir, von Angst be-freit, die

1.blitzt al-le Grä-ber. Es bricht ein Stein. Er-
2.Rei-gen des Chris-tus, voll Kraft und Geist, der
3.la-chen dir frei in dein Angst-ge-sicht. Wir
4.auf, wo der Tod und sein Werk ge-schieht, im
5.dü-ste-re Pfor-te, zum Tanz be-reit. Du

1.stan-den ist Chris-tus. Ein Tanz setzt ein.
2.Tanz, der uns al-le dem Tod ent-reißt.
3.la-chen dich an, du be-drohst uns nicht.
4.Auf-stand er-klingt un-ser O-ster-lied.
5.selbst gibst uns, Chris-tus, das Fest-ge-leit.

Hal-le-lu-ja. Hal-le-lu-ja.

Hal-le-lu-ja. Hal-le-lu-

Hal-le-lu-ja, es bricht ein Stein. ein Tanz setzt ein.

ja. Hal-le-lu-ja, es bricht ein Stein. ein Tanz setzt ein.

Text: Jörg Zink; Melodie: Hans-Jürgen Hufeisen

136

Das Osterfest

Ostern lädt uns ein, das Leben zu feiern.

Die Einladung zur Freude ist Ausgangspunkt und Mitte des christlichen Glaubens. Aus dieser Perspektive wird das ganze Evangelium erzählt – als eine große Auferstehungsgeschichte:

Gott hat Jesus nicht dem Tod überlassen, sondern auferweckt von den Toten. Mit seiner Auferstehung ist eine neue Wirklichkeit in die Welt gekommen. Wie ein Sauerteig, der den ganzen Teig durchwirkt, so durchdringt und verwandelt die Auferstehung unser Leben und unsere Welt.

Das älteste christliche Fest will uns Herz und Sinne öffnen für die Freude am Leben: Im Erwachen der Natur, in der Erfahrung von Heilung und Gemeinschaft, von Vergebung und neuem Lebensmut, in den großen und kleinen Erfahrungen vom Sieg des Lebens über den Tod.

Ostern feiern heißt: Gott mit allen Sinnen loben und einstimmen in die Freude, die die ganze Schöpfung erfüllt: „Die ganze Welt, Herr Jesu Christ, zu deiner Urständ' fröhlich ist" (EG 110).

Diese Kraft der Auferstehung ist lebendig in allen, die Christus vertrauen und ihm nachfolgen. Sie lässt auch uns aufstehen – nicht erst am Ende der Zeit, sondern jetzt schon, mitten im Leben: Aufstehen ins Leben hinein, um dem Auferstandenen zu folgen auf dem Weg der Liebe und Gerechtigkeit.

Am Anfang des christlichen Festes stand eine jüdische Passafeier mit dem Gedenken an die Befreiung aus Ägypten. Die judenchristlichen Gemeinden haben das Fest mit einer Abendmahlsfeier verbunden, in der sie an Tod und Auferstehung Jesu erinnert haben. Zeugnisse aus dem 2./3. Jh. belegen, dass dieser Tag mit einem nächtlichen Gottesdienst gefeiert wurde, der bis zum Morgen dauerte. Auch die Taufe der Neubekehrten hatte hier ihren besonderen Ort. Der Gottesdienst in der Osternacht war der bedeutendste des ganzen Jahres, die „Herzmitte der christlichen Festfeier überhaupt" (Handbuch der Liturgik, S.376).

Im 4. Jh. bildete sich dann eine österliche Festwoche heraus. Täglich fanden Gottesdienste und Predigten für die Neugetauften statt.

Während dieser Zeit sollten die Täuflinge nicht baden und weiter ihre weißen Taufgewänder tragen, die sie erst am Sonntag nach Ostern ablegten (daher der Name „Weißer Sonntag"). Später wurden aus der Festwoche zwei einzelne Feiertage.

In den Lesungen des ersten Ostertags steht das Evangelium vom leeren Grab im Mittelpunkt und die Worte des Engels: „Er ist nicht hier. Denn er ist aufgestanden, wie er es gesagt hat ... und seht, er geht euch voran nach Galiläa, dort werdet ihr ihn sehen"(Mt 28,6–7).

Galiläa ist der Ort, an dem die Jünger_innen Jesu leben, ihr Zuhause. „Geht nach Galiläa" heißt darum: An eurem Ort, in eurem Alltag, wird euch der Auferstandene begegnen. Und gleichzeitig ist Galiläa in den Evangelien eine Gegend, in der viele Völker zusammenwohnen. „Geht nach Galiläa" heißt darum auch: Der Auferstandene begegnet euch in dem, was größer ist als ihr selbst. Da, wo ihr euch öffnet, in der Gemeinschaft, im Austausch mit den anderen.

Der zweite Ostertag begleitet die Jünger_innen auf diesem Weg und richtet mit seinen Lesungen den Blick auf ihre Begegnungen mit dem Auferstandenen (vgl. das Evangelium von den Emmausjüngern, Lk 24,13–35). Damit eröffnet er einen Übergang vom Hochfest in die Alltagswirklichkeit, erzählt, wie Ostern weiterwirkt, wie die Nähe des Auferstandenen Menschen bewegt und begleitet.

Exegetische Gedanken

„Ich war tot, und da! ich bin lebendig bis in alle Ewigkeiten.
Ich habe die Schlüssel des Todes und des Totenreichs."
Offb 1,18

„Apokalypsis", das erste Wort der Johannesoffenbarung, heißt „Enthüllung, Offenbarung".

„Apokalyptische Sicht will ganz genau wahrnehmen. Etwas ... solange analysieren, bis „es" einen Namen bekommt, ein Gesicht, Farben. Oft sind es Ängste, die in der Apokalyptik benannt werden ... Manchmal gibt es gar keine konkreten Namen für komplexe Zusammenhänge, die Angst machen. Dann versuchen die apokalyptischen Weisen oder Propheten Bilder zu finden, damit sie dem, was ängstigt, ein Gesicht geben können" (Luzia Sutter Rehmann, S. 64).

Das Buch der „Offenbarung des Johannes" ist am Ende des ersten Jahrhunderts entstanden und richtet sich an Gemeinden in der römischen Provinz Asia, die unter Bedrängnis und Verfolgung leiden. Von außen ist es die römische Staatsmacht, die mit aller Gewalt den römischen Kaiserkult durchsetzen will. Von innen sind es Konflikte mit jüdischen Geschwistern und Irrlehrer_innen, die die Gemeinden verunsichern.

In diese Situation schreibt Johannes seine Visionen, um die Hoffnung und Identität der Christinnen und Christen zu stärken. Er will nicht vertrösten auf ein besseres Leben im Jenseits, sondern ihnen Mut zusprechen für die Bewältigung ihres Lebens in der Gegenwart.

Apokalyptik ist eine „Theologie, die auf der Erfahrung des Unrechts fußt, daraus aber eine große Hoffnungskraft auf die Nähe Gottes entwickelt. Auferstehung hat dann mit Gerechtigkeit zu tun. Die Hoffnung, dass die Ermordeten und Zukurzgekommenen zu neuem Leben auferstehen, ist die Hoffnung auf die Gerechtigkeit Gottes" (Luzia Sutter Rehmann, S. 159).

Der Wochenspruch für Ostern gehört in die Berufungsvision des ersten Kapitels. Dort wird dem Seher Johannes eine Offenbarung enthüllt, „die der Messias Jesus von Gott erhalten hat, um denen, die zu Gott gehören, zu zeigen, was sehr bald geschehen muss" (1,1). In einer Vision erscheint ihm der Auferstandene, von Gestalt und Kleidung wie ein Mensch. Doch seine Augen sind wie Feuerflammen und seine Stimme ist wie das Rauschen großer Wassermassen. In der rechten Hand hält er sieben Sterne, aus seinem Mund ragt ein zweischneidiges, scharfes Schwert. „Er sieht aus wie die Sonne in ihrer leuchtenden Kraft" (1,16).

Johannes ist zu Tode erschrocken, aber Christus berührt ihn und spricht: „Fürchte dich nicht! ... Ich war tot, und da! ich bin lebendig bis in alle Ewigkeiten. Ich habe die Schlüssel des Todes und des Totenreichs"(1,18).

Gott hat Jesus auferweckt von den Toten. Der auferstandene Christus ist bei uns, nah und vertraut wie ein Mensch. Und zugleich kraftvoll und wirkmächtig. Er hat die „Schlüsselgewalt" über Leben und Tod: Er öffnet Türen und bringt Totes zum Leben. Er verschließt Türen und sperrt die Todesmächte aus unserem Leben. Wer zu ihm gehört, muss sich nicht fürchten vor Menschen und Gewalten.

Diese Kraft ist in der Gemeinde lebendig, wird da erfahren, wo Menschen dem Auferstandenen vertrauen und nach seinem Wort leben. Das ist die Grundgewissheit, die die Vision der Johannesoffenbarung vermitteln will. Wer aus der Kraft der Auferstehung lebt, kann den Todesmächten widerstehen und aufstehen für ein Leben in Freiheit und Gerechtigkeit.

Wochenfragen:
- Wie leuchtet Ostern in unser Leben hinein?
- Welche Erfahrungen von Tod müssen von Ostern her aufgedeckt und entlarvt werden?
- „Und da!" – Auferstehung entdecken, staunen und das neue Leben feiern.

Ostersonntag

Ich war tot, und da! ich bin lebendig …

Ein Ausrufungszeichen, mitten im Satz.
Es macht mich stutzig.
Ich lasse mich unterbrechen,
halte inne, schaue hin.

Ich brauche Unterbrechungen im Alltag.
Hingucker, Stolpersteine,
damit ich nicht zur Tagesordnung übergehe,
damit ich Ostern entdecke mitten im Leben.

Ich war tot und da! ich bin lebendig …

Wo erlebe ich Auferstehung?
Wo kommt Ostern mir entgegen?

Ich will es finden, das Wunder,
mitten im Heute staunend entdecken:
Da! Und da!! Und da!!!

Ostern leuchtet mir entgegen:
im frischen Grün,
in Worten und Klängen,
in einem Blick,
einem Lächeln,
in Nachrichten und Bildern.

Ich will das Wundern lernen.
Mit allen Sinnen
Ostern schmecken und riechen,
sehen, fühlen, hören
und einstimmen in das Lied
der neuen Schöpfung.

Und da!
Nein – über dieses Ausrufungszeichen stolpere ich nicht mehr.
Ostern – Auferstehung Christi von den Toten.
Seit frühester Kindheit sind mir die alten Erzählungen vertraut.
Doch!
Ich stolpere.
Ich bin verwirrt.
Ich muss genauer hinsehen.
Immer wieder neu.
Ich frage, hoffe, staune, zögere, jubele:
„Christus lebt, mit ihm auch ich …"
Und da!

Ostermontag

Ich war tot.

Erfahrung von Tod mitten im Leben.
Frauen berichten davon:
„Ich war wie tot."
Eingesperrt in familiäre Zwänge.
Verpflichtet zur Fürsorge um alte Angehörige.
Unscheinbar geworden neben einem übermächtigen Mann.
Bescheiden geblieben, um den Kindern nicht im Wege zu stehen.

Leiterinnen von Kliniken erzählen:
Frauen kommen verhärmt zur Kur.
Drei Wochen Auszeit tun ihnen gut.
Gespräche mit der Psychologin, physiotherapeutische
Behandlungen,
Zeit, um zu sich selber zu finden.

Frauen blühen in der neuen Umgebung auf.
Gewinnen an Selbstbewusstsein.
An Lebensfreude.
Sie erwachen aus ihrer Totenstarre.
Sie wenden sich dem Leben zu.

Kleine Ostern

Steine
vom Herzen gerollt
Eis
aus der Seele getaut
Hunger
in Brot verwandelt
Mauern durchbrochen
zum Licht

Carola Moosbach

Ich bin lebendig …

Maria hat den Gärtner erwartet.
Behutsam flüstert die Stimme des Auferstandenen in ihr Ohr:
„Maria."
Es braucht Zeit, bis sie versteht:
„Er ist es!"
Die Begegnung am Grab war kein Traum.
Es ist wahr, was der Engel gesagt hat.
Er lebt und kommt mir entgegen.

Sehe ich Anderes als den Gärtner?
Kann ich Christus erkennen,
höre ich, wie er auch mich beim Namen ruft?
Kann ich antworten wie Maria: „Rabbuni –", „– mein Lehrer"?

Weiter sehen lernen als die nüchterne Welt,
die Gegenwart des Auferstandenen wahrnehmen,
– das wünsche ich mir.

Antworten wie Maria: „Rabbuni!"
Schülerin werden des Auferstandenen
für eine Welt der Gerechtigkeit und des Friedens,
– dazu will ich mich rufen lassen.

Selbst lebendig werden,
neue Sichten wagen,
angesprochen von seinem Wort,
berührt und bewegt zum Handeln in seinem Namen,
darum bitte ich:

Lebendiger, rühre mein Herz an,
nimm den Schleier von meinen Augen.

Ich bin lebendig

Ich – Christus!
Ich – Christus!?
Ich – nur Christus?
Ich – Christus! Und ich?
Ich – um Christi willen auch ich?
Ich – in Christus auch lebendig?
Ich – in Christus lebendig!
Ich – in Christus lebendig bis in alle Ewigkeiten?
Ich – in Christus heute schon lebendig bis in alle Ewigkeiten!

Was bedeutet das: „Lebendig in Christus"?
Ist es mehr als ein Wortspiel?
Wo spüre ich das?
Wo verändert es mein Leben?

Ich denke an eine Freundin – sie hat es schwer gehabt im letzten Jahr.
Ihr Mann ist gestorben, dann kam bei ihr eine Krankheit nach der anderen.
Trotzdem hat sie etwas Heiteres, Leichtes. „Ich bin nicht allein", sagt sie.
„Ich spüre, dass ich getragen und begleitet werde."

Lebendig um Christi willen.

Ich erinnere mich an das Gespräch mit einer Frau in der Gemeinde.
Einmal in der Woche geht sie ins Altenheim, um mit den Bewohnerinnen
und Bewohnern zu singen. Sie sagt: „Ich möchte ihnen etwas weitergeben
von der Lebensfreude, die mir der Glaube schenkt."

Lebendig um Christi willen.

Mir fällt ein Kollege ein. Seit langem setzt er sich dafür ein, dass in
den Gemeinden fairer Kaffee gekocht wird. Und er ist dran geblieben,
über Jahre hinweg – der Unbeweglichkeit und Starrheit unserer Kirchen
zum Trotz. „Die Menschen im Süden brauchen nicht unsere Spenden,
sie brauchen fairen Handel, damit sie leben können", sagt er.

Lebendig um Christi willen.

Ich sehe Menschen vor mir, die auf die Straße gehen, um gegen Atomkraft
zu protestieren. Schon viele Jahre tun sie das und jetzt mit neuer
Dringlichkeit. „Unser Auftrag ist es, die Schöpfung zu bewahren", sagen sie.
„Wir sind verantwortlich für die Zukunft unserer Kinder. Darum dürfen
wir nicht schweigen."

Lebendig um Christi willen.

Wie kann ich die Lebendigkeit des Auferstandenen in die Welt bringen?

Donnerstag

Ich habe die Schlüssel des Todes und des Totenreichs.

Schlüssel, die zuschließen:

Die Schlüssel der Hölle und des Todes, so übersetzt Martin Luther.
Die Hölle.
Der Maler Hieronymus Bosch hat im 15. Jahrhundert drastische
Bilder von ihr gemalt.
Wie viel Zeit, wie viel Kraft und Phantasie hatten Menschen
aufgewendet,
um sich für andere Menschen grausame Höllenqualen auszumalen!

„Tod, wo ist dein Stachel, Hölle, wo ist dein Sieg?" (1 Kor 15,55)
Ich möchte aus tiefstem Herzen zustimmen.

Ich zögere.
Ich weiß: „Die Hölle, das sind die andern."(Sartre)

Wann wird mich Christus befreien
aus dem Zank, den Sticheleien, der Missgunst meines Alltags?
Hölle, meine Hölle,
der Auferstandene wird Dich hinter Schloss und Riegel bringen.

Schlüssel, die aufschließen:

Der Auferstandene schließt das Totenreich auf.
Der „Sheol", wie es im Hebräischen heißt, das Land ohne
Wiederkehr, muss seine Tore öffnen.
Die gefangen waren im Dunkel des Todes, werden befreit
und hineingeführt in die Gemeinschaft der Glaubenden
– so zeigen es die alten Bilder von der „Höllenfahrt Christi".
Fremde Bilder mit einer starken Botschaft:

Die Kraft der Auferstehung durchdringt alles:
Gegenwart, Zukunft und Vergangenheit.
Unsere Toten sind nicht vergessen und nicht verloren.
Christus holt zurück, was der Tod genommen hat.
Auch das Vergangene kann erlöst und befreit werden.
Auch das, was in mir tot ist, kann auferstehen.
Auch ich soll erfahren: „Und da! ich bin lebendig!"

Freitag

… – die Schlüssel des Todes und des Totenreichs.

Die,
nicht einer,
mehrere Schlüssel,
um den Tod, die vielen Tode,
auszusperren, wegzusperren, einzusperren.
Hinter Schloss und Riegel zu bringen.

„Macht mir den Himmel auf und schließt die Hölle zu",
heißt es im Schlusschor der Johannespassion von Johann Sebastian Bach.
Was für Schlüssel sind das?
Was schließt mir den Himmel auf,
was schließt die Hölle zu?
Kenne ich Oster-Schlüssel-Erlebnisse?

Aufhören wird, was mich am Leben hindert,
enden, was mich traurig macht,
abgenommen, was mich quält,
ausgesperrt, was mich belastet.
Es soll Ostern werden mitten in meinem Alltag.

Wird der Tod weggeschlossen oder aufgeschlossen?
Wenn Christus die Tür öffnet zwischen Tod und Leben,
dann dringt sein Licht hinein in das Dunkel des Todes
dann muss ich das Dunkle nicht verdrängen aus meinem Leben,
dann verwandelt die Christuskraft
den Tod und die kleinen Tode zu neuem Leben,
dann wird Ostern trotz Trauer und Tod.

Du liebender Gott,
sei gepriesen!
Sei gepriesen für Deine Welt voller Leben und Licht,
für Deinen Schmerz und Deinen Tod,
für Deine strahlende Auferstehung.
Steh auf in mir, erwecke mich zum Leben,
hülle mich ein
in Dein grundloses Erbarmen.
Gepriesen bist Du, Lebendiger!

Katharina Schridde

Samstag

Ich war tot, und da! ich bin lebendig bis in alle Ewigkeiten.
Ich habe die Schlüssel des Todes und des Totenreichs.

Offb 1,18

Aufgeschlossen
hast du mein Herz,
Lebendiger.
Ich atme Weite,
spüre deine Kraft.

Aufgeweckt
hast du mich,
ins Licht des Tages gerufen.
Ich stehe auf,
meine Lebendigkeit
treibt bunte Blüten.

Aufgeschlossen
will ich sein für dich,
Du, mein Leben,
aufgeschlossen
für die Welt,
offen und wach.

Aufstehen
mit dir für das Leben,
anstimmen
das Lied der Befreiung.

„Jesus lebt, mit ihm auch ich! Tod, wo sind nun deine Schrecken?"
(EG 115,1)

Kann ich jetzt einstimmen in dieses alte Lied?
Kann ich glauben inmitten meines Alltags?
Entdecke ich die Spuren des Auferstandenen?
Kann es bei mir Ostern werden?

Glauben will ich.
Versuchen will ich.
Hoffen will ich.
Der Welt zum Trotz.

Und da!
Und dort! Und hier!
Christus lebt.
Die Liebe ist stärker als der Tod.

Wir sind auf der Suche nach der Kraft,
die uns aus den Häusern,
aus den zu engen Schuhen
und aus den Gräbern treibt.
Aufstehen und mich dem Leben in die Arme werfen –
nicht erst am jüngsten Tag,
nicht erst, wenn es nichts mehr kostet
und niemandem mehr weh tut.
Sich ausstrecken nach allem,
was noch aussteht,
und nicht nur nach dem Zugebilligten.
Uns erwartet das Leben.
Wann, wenn nicht jetzt?

Luzia Sutter Rehmann

Anmerkungen

Einleitung

(1) Wo stehen unsere Kreuze? Dieses Zitat von Dorothee Sölle findet sich in dem Aufsatz: Der Erstgeborene aus dem Tod. Dekonstruktion und Rekonstruktion von Christologie (1996), der erneut abgedruckt wurde in dem Sammelband: Crüsemann, Marlene, Jochum-Bortfeld, Carsten (Hrsg.), (2009). Christus und seine Geschwister. Christologie im Umfeld der Bibel in gerechter Sprache. Gütersloh: Gütersloher Verlagshaus, 175–189 (185).

(2) Auferstehungserzählungen gibt es bereits in der Hebräischen Bibel. Vgl. dazu das Kapitel zum Thema Auferstehung in dem Buch von Frank Crüsemann (2011). Das Alte Testament als Wahrheitsraum des Neuen. Die neue Sicht der christlichen Bibel. Gütersloh: Gütersloher Verlagshaus, 258–287.

(3) Das Zitat von Regula Strobel stammt aus dem Aufsatz: An jenem Tage wurde in Jerusalem ein Auferstandener gekreuzigt. Aufständische Gedanken zu Auferstehung aus feministischer Perspektive, in: Bieberstein, Sabine, Kosch, Daniel (Hrsg.) (1998). Auferstehung hat einen Namen. Biblische Anstöße zum Christsein heute, FS für Hermann-Josef Venetz. Luzern: Edition Exodus, 29–36 (34).

(4) Auch in anderen Zusammenhängen wird kritisch über die Sühnopfertheologie diskutiert. Vgl. dazu diese Textsammlung: http://www.chrismon-rheinland.de/cpr/suehneopfer_dossier.html

(5) Christus und seine Geschwister. Vgl. dazu die Einleitung in dem Sammelband: Crüsemann, Marlene, Jochum-Bortfeld, Carsten (Hrsg.) (2009). Christus und seine Geschwister. Christologie im Umfeld der Bibel in gerechter Sprache. Gütersloh: Gütersloher Verlagshaus

(6) Modellprojekt Ökumenischer Frauenkreuzweg. Informationen und Materialien zu bestellen bei: Evangelische Frauen in Württemberg, efw@elk-wue.de

Weiterführende Literatur

Strahm, Doris, Strobel, Regina (Hrsg.) (1991), Vom Verlangen nach Heilwerden. Christologie in feministisch-theologischer Sicht. Fribourg/Luzern: Edition Exodus

Jost, Renate, Valtink, Eveline (Hrsg.) (1996), Ihr aber für wen haltet ihr mich? Auf dem Weg zu einer feministisch-befreiungstheologischen Revision von Christologie. Gütersloh: Gütersloher Verlagshaus

Janssen, Claudia, Joswig, Benita (Hrsg.) (2000), Erinnern und aufstehen – antworten auf Kreuzestheologien, Mainz: Grünewald

Kalsky, Manuela (2000), Christaphanien. Die Re-Vision der Christologie aus der Sicht von Frauen in unterschiedlichen Kulturen. Gütersloh: Gütersloher Verlagshaus

Sutter Rehmann, Luzia, Bieberstein, Sabine, Metternich, Ulrike (Hrsg.) (2002), Sich dem Leben in die Arme werfen. Auferstehungserfahrungen. Gütersloh: Gütersloher Verlagshaus

Exerzitien

Annelene Mirow-Strack, Verführt von Gottes Schönheit. Ein Exerzitien-Buch für Frauen, © 2006, Kösel-Verlag, München, in der Verlagsgruppe Random House GmbH

Weiterführende Literatur

Referat Frauen und Männer, Erzbistum Hamburg (Hrsg.) (2010), Zur Hoffnung bestimmt – Exerzitien im Alltag für die Fastenzeit 2010.Petersberg: Michael Imhof Verlag

Invocavit

Literatur

Wochenlied: Steh auf, bewege dich, Text: Thomas Laubach, Melodie: Thomas Quast, Lieder zwischen Himmel und Erde, Nr. 312, © tvd-Verlag, Düsseldorf

Seghers, Anna, Das siebte Kreuz. Roman, © Aufbau Verlag GmbH & Co. KG Berlin 1946, S. 411

Weiterführende Literatur

Bieritz, Karl-Heinrich (1978), Das Kirchenjahr. München: Union Verlag

Weigt-Blättgen, Angelika, Wegener, Hildburg (Hrsg.) (1969), Andachten für die Arbeit mit Frauen in der Gemeinde. Gütersloh: Gütersloher Verlagshaus; S. 69–73: Andacht für den 1.Sonntag der Passionszeit von Brunhilde Raiser

Reminiscere

(1) Wir verstehen hier „Paulus" mit Elsa Tamez u.a. als „Autor im Plural". Nicht ein großer Einzelner steht hinter der in den paulinischen oder deuteropaulinischen Briefen entwickelten Theologie, sondern ein Autor_innenkollektiv, eine Gemeinschaft aus Heid_innen und Jüd_innen, die in der Nachfolge Jesu um Glauben und Hoffnung ringt.

(2) Die Bezeichnung „Christ_innen" ist für die Zeit, in der die paulinischen Briefe verfasst sind, irreführend, da sich die ersten Anhänger_innen Jesu innerhalb des Judentums bewegten. Die Bezeichnung „Christ_innen" setzt eine Trennung der Messias-Jesus-gläubigen Gruppen von den Synagogen voraus, die vermutlich erst Mitte des 2. Jahrhunderts definitiv erfolgt ist.

(3) Profitiert haben wir von den Ausführungen Elsa Tamez' im Kompendium Feministische Bibelauslegung und von der Exegese von Gerhard Jankowski, der den Brief an die Gemeinde in Rom konsequent im Horizont des jüdisch-christlichen Dialogs liest. Paulus, so Jankowski, formt die jüdische Messiaserwartung um. Der umfassende Schalom Gottes wird nicht dadurch hergestellt, dass der Messias alle Feinde Israels vernichtet, sondern dadurch, dass sein Wirken zu einer radikalen Veränderung der Menschen und der Verhältnisse führt.

Literatur

Wochenlied: El Senyor és meva/Meine Hoffnung und meine Freude, Text: Taizé, Musik: Jacques Berthier (1923–1994), © Ateliers et Presses de Taizé, 71250 Taizé-Communauté

Hingabe, Leidenschaft, Opferbereitschaft (ausschließlich online verfügbares Synonymwörterbuch): http://synonyme.woxikon.de/synonyme/hingabe.php

Moosbach, Carola, Rechte bei der Autorin, veröffentlicht in: Mosbach, Carola (2001). Himmelsspuren. Gebete durch Jahr und Tag. Neukirchen-Vluyn: Neukirchener Verlagshaus S. 37

Dorothee Sölle, aus: Sölle, Dorothee, Steffensky, Fulbert, Wider den Luxus der Hoffnungslosigkeit, hrsg. von Matthias Mettner © Verlag Herder GmbH, Freiburg im Breisgau, 1995, S. 73

Oculi

Literatur

Wochenlied: EG 508,1 Wir pflügen und wir streuen, Text: Nach Matthias Claudius, 1783, Melodie: Johann Abraham Peter Schulz 1800

Doris Akrap, Journalistin und Übersetzerin, aus: Bei Luthers unterm Sofa, Taz, 14.5.2010

Martin Buber, Der Weg des Menschen nach der chassidischen Lehre © Gütersloher Verlagshaus, in der Verlagsgruppe Random House GmbH, Gütersloh 1999, 13. Aufl., S. 25

Das denkende Herz der Baracke, Die Tagebücher der Etty Hillesum 1941–1943, hrsg. von Jan G. Gaarlandt, übersetzt von Maria Csollány © Verlag Herder GmbH, Freiburg im Breisgau, 1983, S. 149

Rose Ausländer, Ich höre das Herz des Oleanders. Gedichte 1977–1979 © S. Fischer Verlag GmbH, Frankfurt am Main 1984, S. 135

Laetare

(1) Habermann, Ruth, Das Evangelium nach Johannes, in Schottroff, Luise, Wacker, Marie-Theres (Hrsg.) (1998), Kompendium feministische Bibelauslegung. Gütersloh: Chr. Kaiser/Gütersloher Verlagshaus, S. 527

(2) Ebd.

Literatur

Wochenlied: Korn, das in die Erde, Text: Jürgen Henkys (1976) 1978. Nach dem englischen „Now the green blade rises" von John Macleod Campbell Crum 1928, Melodie: „Noel nouvelet" Frankreich 15. Jh; © Strube Verlag München-Berlin

Wolf, Christa, Nachdenken über Christa T., Sonderausgabe Sammlung Luchterhand, 25. Aufl. 1986

Ginsberg, Ernst (1965), Abschied.© Verlag Arche, Zürich, S. 238

Hilde Domin, Gesammelte Gedichte. © S. Fischer Verlag GmbH, Frankfurt am Main 1987, 11. Aufl. 2006, S. 294.

Naegeli, Antje Sabine (2009), Die Nacht ist voller Sterne, © Verlag Herder GmbH, Freiburg im Breisgau

Antje Sabine Naegeli, „ Das wirkliche Vertrauen gründet sich ...", aus: Dies., Die Nacht ist voller Sterne, Gebete in dunklen Stunden. © Verlag Herder GmbH, Freiburg im Breisgau, 22. Gesamtauflage 2010, S. 12

Weiterführende Literatur

Habermann, Ruth, Das Evangelium nach Johannes, in Schottroff, Luise, Wacker, Marie-Theres (Hrsg.) (1998), Kompendium feministische Bibelauslegung. Gütersloh: Chr. Kaiser/Gütersloher Verlagshaus, S. 527ff.

Zimmermann, Ruben, Das Leben aus dem Tod (Vom sterbenden Weizenkorn). http://www.homes. uni-bielefeld.de/rzimmermann1/000-Zimmermann%20zu%20Joh%2012,24 %20Weizenkorn.pdf., S. 818ff.

Olson-Dopffel, Beverly, 4. Sonntag der Passionszeit (Laetare), in: Weigt-Blättgen, Angelika, Wegener, Hildburg (Hrsg.) (1996, 2. Aufl.). Andachten für die Arbeit mit Frauen in der Gemeinde. Gütersloh: Gütersloher Verlagshaus, S. 79 ff.

Wengst, Klaus (2007), Das Johannesevangelium, 2. Teilband: Kapitel 11–21, (ThKNT Bd. 4,2). Stuttgart: Kohlhammer

Judica

(1) Jochum-Bortfeld, Carsten, „Denn der Mensch ist nicht gekommen, um sich bedienen zu lassen, sondern um zu dienen" (Mk 10,45) – zur theologischen Bedeutung des *hyios tou anthropou*, in: Crüsemann, Marlene, Jochum-Bortfeld, Carsten (Hrsg.) (2009), Christus und seine Geschwister. Christologie im Umfeld der Bibel in gerechter Sprache. Gütersloh: Gütersloher Verlagshaus

(2) Avemarie, Friedrich, Anspielungen und Bilder. Wie die Verfasser des Neuen Testaments den Tod Jesu verstehen, in: Zeitzeichen 6/2010, S. 28

(3) vgl. Artikel „Sklaverei", in: Crüsemann, Frank u.a. (Hrsg.) (2009), Sozialgeschichtliches Wörterbuch zur Bibel. Gütersloh: Gütersloher Verlagshaus

Literatur

Wochenlied: Seid einander Segen, Text: Sybille Fritsch, Rechte bei der Autorin, Musik: nach EG 396 „Jesu meine Freude" Johann Crüger, 1653

Sartori P., (1931/32), Artikel Judika in: Hoffmann-Krayer, Eduard, Bächthold-Stäublin, Hanns (Hrsg.). Handwörterbuch des deutschen Aberglaubens, Band IV, Spalte 834, Berlin/Leipzig: Walter de Gruyter & Co

Jewel Mathieson, in: Roth, G. (2005), Das Chaos der Stille. Fünf Wege zur intuitiven Weisheit, Burgrain: © Koha-Verlag, S. 160/161.

Leisten, Christoph, Regionalbüro der Ev. LK Württemberg Kirchentag Stuttgart 1999 (Hrsg.) (1998), Gottesklang. Das kleine Liederbuch. Stuttgart: © Kreuzverlag, S.85

Nikolai A. Berdjajew, www.evangeliums.net/zitate/zitat_9303.html

Weiterführende Literatur

Crüsemann, Marlene, Jochum-Bortfeld, Carsten (Hrsg.) (2009), Christus und seine Geschwister. Christologie im Umfeld der Bibel in gerechter Sprache. Gütersloh: Gütersloher Verlagshaus

Janssen, Claudia, Joswig, Benita (Hrsg.) (2000), Erinnern und aufstehen – antworten auf Kreuzestheologien. Mainz: Matthias-Grünewald-Verlag

Praetorius, Ina (2005), Handeln aus der Fülle. Postpatriarchale Ethik in biblischer Tradition. Gütersloh: Gütersloher Verlagshaus

Palmsonntag

(1) Joh 3,2
(2) „Die in der *agape* verbundene johanneische Gemeinschaft ist die Gemeinschaft derer, die von der Welt gehasst werden und die in gegenseitiger Verbundenheit gemeinsam ihr Heil in der Distanzierung von der Welt sehen." Schottroff, S. 294
(3) Auch bei Kirchenvätern wird die Schlange positiv verstanden. Sie gilt als Symbol für die Gabe der Erneuerung und Unsterblichkeit. In der griechischen Mythologie verkörpert die Schlange als Attribut des Asklepios die heilende Macht des Gottes. In den apokryphen Johannesakten entschwindet das Gift aus dem Todeskelch, den der Apostel Johannes trinken soll, in Form einer Schlange.

Literatur

Wochenlied: Aus Tiefen rufe ich zu dir", Text: Michaela Geiger, Rechte bei der Autorin, Melodie „Aus tiefer Not schrei ich zu dir" von Wolfgang Dachstein, in: „Frauen loben Gott" (2008) München: Kösel-Verlag, Nr. 52, S. 78, Rechte bei der Autorin

Gabriel Marcel, zit. n. nach M. Käßmann, Predigt am 25.11.01 im Berliner Dom (http://www.berliner dom.de/dmdocuments/20011125b"Kaessmann.pdf

Zeller, Eva, Gedicht „Golgatha", gefunden z. B. in Evangelisches Gesangbuch

Bayern/Thürigen 1994, Wartburg Verlag GmbH, Weimar, S. 185 Rechtsinhaber: Dt. Verlagsanstalt Stuttgart

Moosbach, Carola, Rechte bei der Autorin, veröffentlicht in: Mossbach, Carola (2000), Lobet die Eine, Mainz: Matthias-Grünewald-Verlag, S. 12

Sachs, Nelly, „Flucht und Verwandlung" zit. n. „Das Buch der Nelly Sachs" Holmqvist, Bengt (Hrsg.) (1977), Frankfurt am Main: © Suhrkamp, S. 204

Weiterführende Literatur

Sandford, John (1997), Das Johannesevangelium, München: Verlag Claudius

Schottroff, Luise (1970), Der Glaubende und die feindliche Welt: Beobachtungen zum gnostischen Dualismus und seiner Bedeutung für Paulus und das Johannesevangelium. Neukirchen: Neukirchner Verlag

Wengst, Klaus (1993), Das Johannesevangelium I. Stuttgart: Kohlhammer

Zum Osterfest

Literatur

Wochenlied: Wir stehen im Morgen, Text: Jörg Zink; Melodie: Hans-Jürgen-Hufeisen © dolce musica edizione, Zürich – www.hufeisen.com

Moosbach, Carola, Rechte bei der Autorin, veröffentlicht in: Moosbach, Carola (2001). Himmelspuren. Gebete durch Jahr und Tag, Neukirchen-Vlyn: Neukirchener Verlagshaus 2001, S. 90

Schridde, Katharina (2006), Evangelisches Frauenbrevier. Gütersloh: © Gütersloher Verlagshaus in der Verlagsgruppe Random House GmbH, S.69

Sutter Rehmann, Luzia (1988), Vom Mut, genau hinzusehen. Feministisch-befreiungstheologische Interpretationen zur Apokalyptik. Luzern: © Edition Exodus, S. 64

Weiterführende Literatur

Schmidt-Lauber, Hans-Christoph, Meyer-Blanck, Michael und Bieritz, Karl-Heinrich (2003), Handbuch der Liturgik. Göttingen: Vandenhoeck & Ruprecht

Behringer, Hans Gerhard (2002), Die Heilkraft der Feste. München 2002

Zu den Autorinnen

Annegret Brauch, leitende Pfarrerin der Frauenarbeit der Evangelischen Landeskirche in Baden

Katharina Friebe, Referentin für Theologie und Ökumene beim Dachverband Evangelische Frauen in Deutschland e. V.

Gundula Döring, Pastorin, bis September 2011 Theologische Referentin im Nordelbischen Frauenwerk

Helene Dommel-Beneker, leitende Pfarrerin der Fachstelle für Frauenarbeit der ELKB im FrauenWerk Stein e. V.

Antje Hinze, Landespfarrerin der Frauenarbeit der Evangelisch-Lutherischen Landeskirche Sachsens

Dr. Claudia Janssen, Studienleiterin im FSBZ. Frauenstudien- und -bildungszentrum in der EKD im Comenius Institut sowie apl. Professorin für Neues Testament in Marburg

Barbara Kohlstruck, Pfarrerin, Referentin im Fachbereich Frauen der Evangelischen Arbeitsstelle Bildung und Gesellschaft, Evangelische Kirche der Pfalz

Karin Lindner, Pfarrerin des landeskirchlichen Werks Evangelische Frauen in Württemberg

Magdalena Möbius, Studienleiterin für Frauenarbeit im Amt für kirchliche Dienste in der Evangelischen Kirche Berlin-Brandenburg-schlesische Oberlausitz

Ute Niethammer, Pfarrerin, theologische Mitarbeiterin der Frauenarbeit der Evangelischen Landeskirche in Baden

Cornelia Radeke-Engst, Landespfarrerin für Frauen- und Familienarbeit im Amt für kirchliche Dienste in der Evangelischen Kirche Berlin-Brandenburg-schlesische Oberlausitz

Anne Rieck, Pastorin, Theologische Referentin beim Frauenwerk im Haus kirchlicher Dienste der Evangelisch-Lutherischen Landeskirche Hannovers

Andrea Wöllenstein, Pfarrerin, Referat Erwachsenenbildung/Frauenarbeit der Evangelischen Kirche von Kurhessen-Waldeck